Neues Kochbuch für Weihnachtsbäckereien.

230 historische Originalrezepte

Von
Marie Buchmeier
Herrschaftsköchin.

Bibliografische Information der Deutschen Nationalbibliothek. Die Deutsche Nationalbibliothek verzeichnet diese Publikation in der Deutschen Nationalbibliografie; detaillierte bibliografische Daten sind im Internet über http://dnb.d-nb.de abrufbar.

**Neues Kochbuch für Weihnachtsbäckereien
von Marie Buchmeier**
Original um 1900, Regensburg, Druck und Verlag von Josef Habbel.
Neufassung und Digitalisierung Peter M. Frey.

Copyright © 2017 Peter M. Frey
Herstellung und Verlag
BoD - Books on Demand, Norderstedt
ISBN 9783743148864

Vorwort

Im vorliegenden Werkchen hat die Verfasserin eine große Anzahl von verschiedenen guten Originalrezepten über Weihnachts- und Teebäckereien usw. zusammengestellt. Möge das Büchlein unter den werten Hausfrauen und Köchinnen weite Verbreitung finden. Bei der Bereitung möge man sich die Mühe nicht verdrießen lassen, den Teig zu den Bäckereien so lange gut abzuarbeiten, bis er fein wird, und auch Zucker und Eier schaumig zu rühren (man rührt nicht leicht zu lange), denn gerade davon hängt das gute Gelingen der Bäckereien ab. Es ist immer ein großer Nutzen daran, weil man dadurch mehr Teig gewinnt. Ich garantiere, dass, wenn meine Ratschläge befolgt werden, die Rezepte auch gelingen.

Das wünscht von Herzen

die Verfasserin
Marie Buchmeier.

Inhaltsverzeichnis

Zuckerglasuren.

1. Weiße Zuckerglasur. 17
2. Punschglasur. 17
3. Gelbe Glasur. 17
5. Grüne Glasur. 18
6. Braune Glasur. 18
7. Maraschinoglasur. 19
8. Orangenglasur. 19
9. Zitronenglasur. 19
10. Schokoladenglasur. 20
11. Spritzglasur. 20
12. Blaue Glasur. 21
13. Waldmeisterglasur. 21

Behandlung verschiedener Zutaten.

14. Schnee vom Eiweiß. 22
15. Schnee vom süßen Rahm. 22
16. Das Abschälen der Mandeln. 23
17. Das Abschälen der Pistazien. 23
18. Das Abschälen der Welschnüsse. 23
19. Das Feinstoßen der Mandeln. 23
20. Das Reiben der Nüsse. 24

21. Das Reinigen der Rosinen. 24
22. Verwendung des Zitronats und Orangeats. 24
23. Geschmack- oder Geruchzucker. 24

Verschiedene Teige.

24. Butterteig. 25
25. Butterteig auf andere Art. 26
26. Mürber Teig. 26
27. Mürber Teig auf andere Art. 27
28. Bröselteig. 27
29. Bröselteig auf andere Art. 28
30. Ein ganz billiger Teig. 28
31. Zuckerteig. 29
32. Linzer Teig. 29
33. Biskuitmasse zu kleinen Backwerken. 30
34. Schaummasse. 30

Tee- und Weihnachtsbäckereien.

35. Butterringel mit Mandeln. 31
36. Zuckergebackenes für den Weihnachtsbaum. 31
37. Karmelitenplätzchen. 32
38. Schokoladeblumen. 32
39. Schokoladenplätzchen für den Christbaum. 33
40. Schokoladenbusserln. 33
41. Schokoladenbiskuit. 34

42. Schokoladenmakronen. ... 34
43. Schokoladenbrezeln. ... 35
44. Schokoladesterne. ... 35
45. Zimtsterne. ... 36
46. Zimtbrezeln. ... 36
47. Zimtmuscheln. ... 37
48. Gebackene Muscheln. ... 37
49. Nonnenkrapfen. ... 38
50. Nonnenkrapfen auf feinere Art. ... 38
51. Spanische Winde. ... 39
52. Schaumgebackenes. ... 39
53. Kartöffelchen. ... 40
54. Freimaurer. ... 40
55. Butterblumen. ... 41
56. Geduldszeltchen. ... 41
57. Weihnachtsbrezeln. ... 42
58. Weihnachtsbrezeln auf andere Art. ... 42
59. Butterbrezeln. ... 43
60. Anisbrezeln. ... 43
61. Mandelbrezeln. ... 44
62. Nussbrezeln. ... 44
63. Vanillebrezeln. ... 45
64. Brezeln vom mürben Teig. ... 45
65. Brezeln auf andere Art. ... 46
66. Mannheimer Weihnachtsbrezeln. ... 46
67. Mannheimer Brezeln auf andere Art. ... 47
68. Kastanienbrezeln. ... 47
69. Gewöhnliches Biskuit. ... 48

70. Pfaffenkäppchen. 48
71. Weihnachtsstriezeln. 49
72. Weihnachtsstriezeln auf andere Art. 49
73. Weihnachtsstriezeln auf dritte Art. 50
74. Englische Weihnachtsschnitten. 50
75. Prophetchen. 51
76. Christbaumgebäck. 51
77. Pfeffernüsse. 52
78. Linzer Kränzchen. 52
79. Pogatscherl. 53
80. Tarteletten. 53
81. Haltbare Tarteletten 54
82. Aprikosenbrötchen. 54
83. Quittenbrötchen. 55
84. Nussplätzchen. 55
85. Schokoladenkonfekt. 55
86. Marschallschnitten. 56
87. Italienische Makronen. 56
88. Schokoladebögen auf andere Art. 57
89. Zimtsterne. 57
90. Gewürzkränzchen. 58
91. Gute Zimtmasse. 58
92. Fulda. 58
93. Bauernkrapfen. 59
94. Sultan. 59
95. Billiges Weihnachtsgebäck. 60
96. Prinzesstörtchen. 61
97. Prinzesstörtchen auf andere Art. 61

98. Zitronenbögen. 62
99. Biskuitbögen. 62
100. Mandelbögen. 63
101. Mandelbögen auf andere Art. 63
102. Mandelbögen auf dritte Art. 64
103. Mandelbögen auf vierte Art. 64
104. Mandellaibchen. 65
105. Mandellaibchen auf andere Art. 65
106. Mandelkonfekt. 65
107. Mandellaibchen auf dritte Art. 66
108. Nussmakronen. 66
109. Haselnussmakronen. 67
110. Kokosnussmakronen. 67
111. Welschnussbögen. 67
112. Gewöhnliches Biskuit. 68
113. Hartes Biskuit. 68
114. Schokoladenbiskuit. 69
115. Schmalzbiskuit. 69
116. Anislaibchen. 70
117. Anislaibchen auf andere Art. 70
118. Anislaibchen auf dritte Art. 71
119. Anisschnitten. 71
120. Vanillekränzchen. 72
121. Vanillespäne. 72
122. Vanillebussserln. 73
123. Pomeranzenschnitten. 73
124. Mandelkrapfen. 74
125. Pomeranzenbrötchen. 75

126. Spanische Krapfen. 75
127. Hagebuttenlaibchen. 76
128. Berchtesgadener Busserln. 76
129. Haselnussschlangen. 77
130. Himbeerbälle. 77
131. Hufeisen. 78
132. Hobelspäne. 78
133. Verschiedenes Gebäck aus Eischnee. 79
134. Teegebäck (Spekulatius). 79
135. Cakes. 80
136. Fastenbrezeln. 80
137. Fruchttaschen. 81
138. Ausstech- und Dauerkuchen. 81
139. Kleine Bäckerei von Butterteig. 82
140. Hausfreunde. 82
141. Linzer Brezeln. 83
142. Springeln. 83
143. Anisbrot. 84
144. Vanillebrot. 84
145. Bettelbrot. 85
146. Butterbrot. 85
147. Englisches Brot. 86
148. Falsches Mandelbrot. 86
149. Bayerisches Schokoladenbrot. 87
150. Zuckerbrot. 87
151. Kaiserbrot. 88
152. Bischofsbrot. 88
153. Fürstenbrot. 89

154. Ulmer Brot. 89
155. Preußischer Zwieback. 90
156. Zwieback auf andere Art. 91
157. Jelängerjelieber. 91
158. Ansbacher Laibchen. 92
159. Brandteigringe. 92
160. Zitronenbeignets. 93
161. Kastanienbrötchen. 93
162. Feines Kameruner Gebäck. 94
163. Buttergebackenes für den Christbaum. 94
164. Zitronenplätzchen. 95
165. Spanisches Christbaumkonfekt. 95
166. Schaumkonfekt für den Christbaum. 96
167. Zuckertüten für den Christbaum. 96
168. Butterringel. 97
169. Vanillenüsschen. 97
170. Reichenhaller Kuchen. 98
171. Krachkuchen. 98
172. Mandelkuchen. 99
173. Teestangen. 99
174. Mandelkuchen. 100
175. Pariser Bögen. 100
176. Anisküchel. 101
177. Anisringel. 101
178. Anislaibchen. 101
179. Muskatzinnerl. (Ringe) 102
180. Gewürzschnitten. 102
181. Kardinalplätzchen. 103

182. Vanilleschnitten. 103
183. Waffeln. 104
184. Schokoladenwaffeln. 104
185. Waffeln mit saurem Rahm. 105
186. Holländer Waffeln. 105
187. Germwaffeln. 106
188. Wiener Hippen. 106
189. Schokoladehippen. 107
190. Kleine Hippen von Genueser Teig. 107
191. Mandelhippen. 108

Lebkuchen.

192. Basler Lebkuchen. 109
193. Basler Lebkuchen auf andere Art. 110
194. Weiße Lebkuchen. 111
195. Weiße Lebkuchen auf andere Art. 112
196. Leckerln. 113
197. Makronenlebkuchen. 113
198. Elisen-Lebkuchen. 114
199. Weiße Nürnberger Lebkuchen. 114
200. Mannheimer Lebkuchen. 115
201. Brauner Pfannkuchen. 116
202. Ausgestochene Pfefferkuchen. 117
203. Nürnberger Lebkuchen. 118
204. Thorner Pfefferkuchen. 119
205. Pfeffernüsse. 120
206. Ordinäre Pfeffernüsse. 120
207. Pfeffernüsse auf andere Art. 121

208. Marzipan. 121
209. Marzipan. 122
210. Marzipan. 122
211. Marzipan. 123
212. Marzipan. 123
213. Feiner Marzipan. 124
214. Feine Weihnachtstorte. 124
215. Weihnachtstorte auf leichtere Art. 125
216. Kleine Lebkuchen. 125
217. Viktoriatorte. 126
218. Orangentorte. 127
219. Glasierte Datteln. 128
220. Orangen (Apfelsinen) zu dressieren. 128
221. Orangen auf andere Art zu dressieren. 129
222. Eine Fruchtschale für den Weihnachtstisch. 129

Weihnachtsbrote.

223. Kardinalsbrot. 130
224. Hutzel- oder Obstbrot. 131
225. Schwäbisches Weihnachtsbrot. 132
226. Italienisches Früchtenbrot. 133
227. Griechisches Früchtenbrot. 134
228. Ganz einfaches Früchtenbrot. 134
229. Nuss- oder Touristenbrot. 135
230. Mailänder Plätzchen. 135

Zuckerglasuren

1. Weiße Zuckerglasur.

Zutaten: ⅕ Pfund (100 Gramm) Zucker, ein Eiweiß, eine halbe Zitrone.

Darunter versteht man eine gerührte Zuckermasse, welche zur Verschönerung und zum Überziehen von Christbaumkonfekt, Teegebäck, Torten und Backwerken verwendet wird. ⅕ Pfund (100 Gramm) Staubzucker wird mit einem Eiklar und dem Saft von einer halben Zitrone so lange schaumig gerührt, bis die Masse recht dick und weiß vom Löffel fließt.

2. Punschglasur.

Zutaten: ¼ Pfund (125 Gramm) Zucker, ein Eiweiß, Zitronensaft, Arrak oder Rum.

¼ Pfund (125 Gramm) Zucker wird mit 1 Eiweiß schaumig gerührt, der Saft einer halben Zitrone, ein Esslöffel voll Arrak oder Rum dazugemengt.

3. Gelbe Glasur.

Zutaten: ⅕ Pfund (100 Gramm) Zucker, ein Eiweiß, eine halbe Zitrone, Safran.

⅕ Pfund (100 Gramm) Zucker wird mit einem Eiweiß schaumig gerührt, einige Tropfen Zitronensaft und eine Messerspitze mit in einigen Tropfen Wasser aufgelöster Safran daruntergemischt.

4. Rote Glasur.

Zutaten: ¼ Pfund (125 Gramm) Zucker, ein Eiweiß, eine halbe Zitrone, Cochenille*.

Wird wie die weiße Glasur behandelt, nur werden einige Tropfen Cochenille daruntergemischt. * Echtes Karmin, Farbstoff aus Läuseeiern

5. Grüne Glasur.

Zutaten: ¼ Pfund (125 Gramm) Zucker, ein Eiweiß, Spinatsaft.

Eine weiß gerührte Zuckerglasur wird mit etwas Spinatsaft grün gefärbt, der Zitronensaft jedoch weggelassen.

6. Braune Glasur.

Zutaten: ¼ Pfund (125 Gramm) Zucker, ein Eiweiß, eine halbe Zitrone, zwei Täfelchen Schokolade.

Eine gerührte weiße Glasur wird mit zwei Täfelchen dick aufgelöster Schokolade vermengt.

7. Maraschinoglasur.

Zutaten: ¼ Pfund (125 Gramm) Zucker, ein Eiweiß, und Maraschino*.

¼ Pfund (125 Gramm) fein gestoßener Zucker wird mit einem Eiweiß eine Viertelstunde schaumig gerührt und dann zwei Esslöffel voll Maraschino daruntergemengt. Die Bäckereien werden messerrückendick überstrichen und im Rohr getrocknet. * Kirschlikör aus Maraska-Kirschen

8. Orangenglasur.

Zutaten: ¼ Pfund (125 Gramm) Zucker, ein Eiweiß, Orangen.

¼ Pfund (125 Gramm) an einer Orange abgeriebener und fein gestoßener Zucker wird mit einem Eiweiß schaumig gerührt und dann zu Backwerken verwendet.

9. Zitronenglasur.

Zutaten: ¼ Pfund (125 Gramm) Zucker, ein Eiweiß, Zitrone.

¼ Pfund (125 Gramm) Zucker wird an einer Zitrone abgerieben, fein gestoßen und mit einem Eiweiß schaumig gerührt.

10. Schokoladenglasur.

Zutaten: ⅕ Pfund (100 Gramm) Vanilleschokolade, ⅕ Pfund (100 Gramm) Zucker, etwas Wasser.

⅕ Pfund (100 Gramm) Vanilleschokolade wird mit etwas Wasser auf dem Feuer aufgelöst und dann noch mit ⅕ Pfund (100 Gramm) gestoßenem Zucker und vier Esslöffeln voll Wasser auf dem Feuer so lange gerührt, bis sich oben ein Häutchen bildet. Die Bäckereien werden mit dieser Glasur bestrichen und im Rohr getrocknet.

11. Spritzglasur.

Zutaten: wie zu Nr. 1.

Eine weiße Glasur wird so lange gerührt, bis mit einem Kaffeelöffel auf ein Blech gesetzte Häufchen ihre Form behalten und nicht mehr auseinanderlaufen. Man füllt die Masse in ein kleines Spritzchen (oder eine Papiertüte, in die man unten ein kleines Loch gemacht hat). Man kann damit verschiedene Figuren auf Backwerke machen.

12. Blaue Glasur.

Zutaten: wie zu Nr. 1 und Veilchenblätter.

Man rührt eine dicke weiße Glasur und gibt etwas Veilchensaft darunter, welcher folgendermaßen hergestellt wird: Man zerdrückt ein Büschchen frisch gepflückte Veilchenblätter, gießt etwas Wasser darauf, presst den Saft durch ein leinenes Fleckchen und färbt damit die steif gerührte Glasur.

13. Waldmeisterglasur.

Zutaten: wie zu Nr. 1 und Waldmeisterextrakt.

Eine weiße, dick gerührte Glasur vermischt man mit einem Kaffeelöffel voll Waldmeisterextrakt, welchen man in allen Drogerien bekommt.

Behandlung verschiedener Zutaten.

14. Schnee vom Eiweiß.

Die Hauptsache zur Bereitung eines festen Schnees sind frische Eier und eine besondere Vorsicht, damit beim Aufschlagen derselben nicht das geringste vom Gelben unter das Klar kommt. Schlagen muss man anfangs nur ganz langsam und erst nach und nach schneller werden. Der Schneebesen soll sich immer in der Mitte des Klares bewegen, damit dasselbe so gut wie möglich zusammengehalten und der Schnee recht luftig in die Höhe getrieben wird. Er muss so lange und so steif geschlagen werden, bis er aus der umgestürzten Schüssel nicht mehr herausfällt. Sobald er steif genug ist, muss er sofort verwendet werden, sonst wird er wässrig.

15. Schnee vom süßen Rahm.

Die erste Bedingung ist ein sehr guter, dicker Rahm, welcher süß ist und nur von einer Tagesmilch gut abgenommen sein darf, damit er durch Abschlagen mit einer Rute aus dünnen weißen Reisern leicht zu einem feinen dicken Schaum wird. Ehe man den Rahm zu schlagen anfängt, muss derselbe eine Stunde vorher an einem kalten Ort oder besser auf Eis gestanden sein. Nach dem Schlagen gibt man ihn zum Abtropfen in ein Haarsieb.

16. Das Abschälen der Mandeln.

Die Mandeln legt man in gut kochendes Wasser, deckt sie zu und lässt sie beiseitegerückt so lange stehen, bis sich mit den Fingern die Haut durch leichtes Drücken abstreifen lässt, worauf man die Mandeln in frisches Wasser und von da auf ein Sieb zum Trocknen legt.

17. Das Abschälen der Pistazien.

Diese werden ebenfalls wie die Mandeln behandelt.

18. Das Abschälen der Welschnüsse.

Wie Nr. 16

19. Das Feinstoßen der Mandeln.

Die abgeschälten Mandeln werden entweder im Mörser mit einem Eiweiß fein gestoßen oder auf dem Wiegebrett fein zusammengewiegt.

20. Das Reiben der Nüsse.

Diese werden wie die Mandeln in der Reibmaschine gerieben oder auf dem Wiegebrett fein zusammengewiegt.

21. Das Reinigen der Rosinen.

Die Sultaninen oder türkischen Rosinen (auch Rosinen ohne Kerne und Weinbeeren genannt, die großen Rosinen auch Zibeben) werden durchsucht, von den Stielen befreit, in lauwarmem Wasser gewaschen und auf einem Tuch gut abgetrocknet.

22. Verwendung des Zitronats und Orangeats.

Wird zu den Weihnachtsbäckereien entweder auf der Reibmaschine fein gerieben oder auf einem Wiegebrett fein zusammengewiegt.

23. Geschmack- oder Geruchzucker.

Davon soll immer Vorrat vorhanden sein, um ihn bei Gebrauch sofort verwenden zu können. Zum Orangenzucker wird Zucker an einer Orange abgerieben, gestoßen und in einem gut zugemachten Glas aufbewahrt. Beim Zitronenzucker ist es dasselbe. Bei Vanillezucker wird die Vanille mit dem Zucker gestoßen.

Verschiedene Teige.

24. Butterteig.

Zutaten: je ½ Pfund (250 Gramm) Butter und Mehl, 17 Gramm Butter.

½ Pfund (250 Gramm) Butter legt man in frisches Wasser, gibt ½ Pfund (250 Gramm) Mehl auf ein Nudelbrett, macht in dessen Mitte eine Grube, gibt eine Messerspitze Salz, 1 Lot (17 Gramm) Butter dazu und macht mit frischem Wasser einen nicht gar zu festen Teig an, den man wie den Teig zu geschnittenen Nudeln abarbeitet, dann mit einem reinen Tuch zudeckt und eine halbe Stunde lang ruhen lässt. Nun rollt man den Teig aus, hüllt die aus dem Wasser genommene, gut abgetrocknete Butter hinein, rollt ihn wieder samt der eingeschlagenen Butter ¼ Meter lang und ¼ Meter breit aus, schlägt ihn zweimal übereinander, legt ihn auf eine Platte, deckt ihn mit einem Tuch zu und lässt ihn im Kühlen eine Viertelstunde ruhen. Alsdann rollt man ihn wie das erste Mal aus, schlägt ihn ebenfalls zweimal übereinander und lässt ihn wieder eine Viertelstunde ruhen. Dies kann auch noch zum dritten Mal wiederholt werden und dann ist der Teig gebrauchsfertig. Beim Backen des Butterteiges muss man vorzüglich darauf sehen, dass das Rohr nicht zu kühl ist, weil sonst die Butter herausläuft und der Teig nicht mehr in die Höhe steigt. Ist das Rohr zu heiß, so geht er zu schnell auf, wird braun und bäckt sich nicht ganz aus. Daher soll der Teig eine gleichmäßige Hitze haben und auch nichts anderes im Rohr stehen, weil sonst der Butterteig durch den Dampf der anderen Speisen an Ansehen verlieren würde.

25. Butterteig auf andere Art.

Zutaten: ½ Pfund (250 Gramm) Mehl, zwei Esslöffel Rum, ein Ei,
½ Pfund (250 Gramm) Mehl, ½ Pfund (250 Gramm) Butter.

½ Pfund (250 Gramm) feines Mehl gibt man auf ein Nudelbrett, macht in dessen Mitte eine Grube, gibt etwas Salz, zwei Esslöffel voll Rum, ein Ei und das noch nötige frische Wasser dazu, arbeitet dies mit dem Ballen der Hand zu einem Teig ab und lässt ihn mit einem Tuch zugedeckt eine Viertelstunde ruhen. ½ Pfund (250 Gramm) Mehl knetet man mit ½ Pfund (250 Gramm) Butter gut ab, gibt es in den vorstehend beschriebenen und ausgerollten Teig, schlägt ihn gut übereinander, rollt ihn der Länge nach aus, schlägt ihn wieder zusammen und lässt ihn eine halbe Stunde ruhen. Dieses Verfahren wird noch zweimal wiederholt, wonach man den so bereiteten Butterteig an einem kühlen Ort zugedeckt zum ferneren Gebrauch aufbewahrt.

26. Mürber Teig.

Zutaten: ½ Pfund (250 Gramm) Mehl, ¼ Pfund (125 Gramm) Butter,
zwei Eier, ein Esslöffel Zucker.

½ Pfund (250 Gramm) Mehl gibt man auf ein Nudelbrett, macht in dessen Mitte eine Grube, gibt ¼ Pfund (125 Gramm) frische zerbröckelte Butter, zwei ganze Eier, etwas Salz, einen Esslöffel voll gestoßenen Zucker und etwas Wasser dazu, macht den Teig leicht zusammen und stellt ihn bis zum Gebrauch kalt.

27. Mürber Teig auf andere Art.

Zutaten: ⅕ Pfund (100 Gramm) Mehl, ⅕ Pfund (100 Gramm) Butter, ⅕ Pfund (100 Gramm) Zucker, ein Ei, Kuchenpulver.

⅕ Pfund (100 Gramm) Mehl, ⅕ Pfund (100 Gramm) Butter, ⅕ Pfund (100 Gramm) Zucker, etwas Salz, eine Messerspitze Kuchenpulver und ein Ei werden schnell zu einem Teig zusammengearbeitet. Wenn er zu steif sein sollte, nimmt man noch einen Esslöffel kalte Milch dazu.

28. Bröselteig.

Zutaten: 1 Pfund (500 Gramm) Mehl, ½ Pfund (250 Gramm) Butter, vier Eier, ⅕ Pfund (100 Gramm) Zucker.

Wird mit einer Messerspitze gestoßenem Zimt und etwas Salz wie der vorstehende Teig zusammengearbeitet, dann in ein Tuch eingeschlagen und kalt gestellt.

29. Bröselteig auf andere Art.

Zutaten: drei harte Eidotter, drei rohe Eier, ½ Pfund (250 Gramm) Butter, ½ Pfund (250 Gramm) Mehl, ⅕ Pfund (100 Gramm) Zucker, ⅕ Pfund (100 Gramm) Mandeln und etwas Rum.

Nachdem man drei hart gekochte Eidotter auf dem Reibeisen gerieben hat, pflückt man ½ Pfund (250 Gramm) frische Butter in Stückchen und knetet diese mit ½ Pfund (250 Gramm) Mehl, ⅕ Pfund (100 Gramm) geriebenen Mandeln und etwas Rum zu einem Teig und rollt ihn federkieldick aus. Aus diesem Teig können kleine Torten und Verschiedenes ausgestochen werden.

30. Ein ganz billiger Teig.

Zutaten: ¾ Pfund (375 Gramm) Mehl, ¼ Pfund (125 Gramm) Zucker, ¼ Pfund (125 Gramm) Butter, ein Ei.

¾ Pfund (375 Gramm) Mehl und ¼ Pfund (125 Gramm) fein gesiebter Zucker werden vermischt, auf einem Backbrett mit ¼ Pfund (125 Gramm) frischer Butter und einem ganzen Ei gut abgearbeitet, federkieldick ausgerollt und zu Backwerken verwendet.

31. Zuckerteig.

Zutaten: 1 Pfund (500 Gramm) Mehl, 300 Gramm Butter,
300 Gramm Zucker, vier Eier.

Diese Masse wird vermischt und mit dem abgeriebenen Gelben einer Zitrone, etwas Zimt und etwas Salz zu einem Teig abgemacht.

32. Linzer Teig.

Zutaten: ½ Pfund (250 Gramm) Mandeln, ½ Pfund (250 Gramm) Zucker,
½ Pfund (250 Gramm) Mehl, 300 Gramm Butter, vier Eier.

½ Pfund (250 Gramm) fein geriebene Mandeln werden auf einem Nudelbrett mit ½ Pfund (250 Gramm) Zucker und ebenso viel Mehl untermengt, in der Mitte eine Grube gemacht, in dieselbe 300 Gramm Butter, vier ganze Eier, das abgeriebene Gelbe einer Zitrone, eine Messerspitze Nelken, ebenso viel Zimt und etwas Salz gegeben. Das Ganze wird zu einem Teig angemacht, welchen man in ein Tuch einschlägt und bis zum Gebrauch aufbewahrt.

33. Biskuitmasse zu kleinen Backwerken.

Zutaten: ¼ Pfund (125 Gramm) Zucker, acht Eidotter, eine halbe Zitrone, ¼ Pfund (125 Gramm) Mehl.

¼ Pfund (125 Gramm) gestoßener Zucker wird mit acht Eidottern in einer Schüssel eine halbe Stunde schaumig gerührt, eine halbe Zitrone auf dem Reibeisen abgerieben und dazugegeben, dann der steif geschlagene Schnee und ¼ Pfund (125 Gramm) feines Mehl daruntergezogen und der Teig zu kleinen Backwerken verwendet.

34. Schaummasse.

Zutaten: vier Eiweiß, ½ Pfund (250 Gramm) Zucker.

Das Weiße von vier Eiern wird zu einem festen Schnee geschlagen und ½ Pfund (250 Gramm) fein gestoßener Zucker (Staubzucker) langsam daruntergezogen, damit die Masse sehr steif bleibt.

Tee- und Weihnachtsbäckereien.

35. Butterringel mit Mandeln.

Zutaten: Mandeln, Zucker.

Man bereitet einen Butterteig, wie schon beschrieben, rollt ihn zu einer federkieldicken Platte aus, sticht mit einem runden Ausstecher oder einem Weinglas runde Blättchen aus, diese wieder mit einem etwas kleineren Ausstecher, dass man Teigringe erhält, welche dann auf ein mit Wasser angefeuchtetes Tuch gelegt, mit Ei bestrichen, mit abgezogenen und grob gehackten Mandeln und Großzucker bestreut und bei mittlerer Hitze blassgelb gebacken werden.

36. Zuckergebackenes für den Weihnachtsbaum.

Zutaten: ½ Pfund (250 Gramm) Zucker, drei Eier, 200 Gramm Mandeln, 300 Gramm Mehl, Rum.

½ Pfund (250 Gramm) Zucker schlägt man mit drei Eiern schaumig, mischt unter stetem Schlagen 200 Gramm abgezogene Mandeln und 300 Gramm feines Mehl darunter, mengt es mit etwas Rum und wenn nötig noch mit etwas Wasser gut zu einem Teig zusammen, rollt diesen ziemlich dick aus, sticht verschiedene Figuren aus, bäckt sie schön gelb, bestreicht sie mit Zuckerglasur, besät sie mit Streuzucker und trocknet sie.

37. Karmelitenplätzchen.

Zutaten: 150 Gramm Zucker, ein Ei, zwei Dotter, Zitrone, 200 Gramm Mehl.

150 Gramm Zucker werden mit einem ganzen Ei und zwei Eidottern gut verrührt, die abgeriebene Zitrone und deren Saft, etwas Zimt und 200 Gramm Mehl daruntergemengt, und von dieser Masse mit einem Löffel auf ein mit Wachs bestrichenes Blech Plätzchen geformt, diese mit geschnittenen Mandeln bestreut und schön gelb gebacken. Sie lassen sich lange aufbewahren.

38. Schokoladeblumen.

Zutaten: ¼ Pfund (125 Gramm) Butter, vier Eier, ⅕ Pfund (100 Gramm) Mandeln, 150 Gramm Zucker, 150 Gramm Mehl, ¼ Pfund (125 Gramm) Schokolade.

¼ Pfund (125 Gramm) Butter wird mit vier Eidottern schaumig gerührt, ⅕ Pfund (100 Gramm) geriebene Mandeln, 150 Gramm Zucker, 150 Gramm Mehl, ¼ Pfund (125 Gramm) geriebene Schokolade und der Schnee von vier Eiern daruntergemengt und alles zu einem Teig angemacht, davon Blumen ausgestochen, diese mit Eigelb bestrichen und gebacken. Man kann sie mit einer Schokoladeglasur überstreichen.

39. Schokoladenplätzchen für den Christbaum.

Zutaten: 150 Gramm Zucker, zwei Täfelchen Schokolade, zwei Eiweiß.

150 Gramm fein gesiebten Zucker und zwei Täfelchen fein geriebene Schokolade mischt man auf dem Brett ab, schlägt von zwei Eiweiß einen Schnee, mengt ihn unter die Masse und macht daraus runde Häufchen, drückt dann eine Mandel darauf und bäckt sie nicht zu rasch im Rohr. Man kann sie auch auf Oblaten backen.

40. Schokoladenbusserln.

Zutaten: ¼ Pfund (125 Gramm) Zucker, ein Eiweiß,
zwei Täfelchen Vanilleschokolade.

¼ Pfund (125 Gramm) fein gestoßener Zucker wird mit dem Klaren von einem Ei schaumig gerührt, zwei Täfelchen geriebene Vanilleschokolade daruntergemengt, davon auf Oblaten kleine Häufchen gemacht und in mäßig warmem Rohr getrocknet.

41. Schokoladenbiskuit.

Zutaten: ¼ Pfund (125 Gramm) Zucker, drei Täfelchen Schokolade, fünf Eidotter, 106 Gramm feines Mehl.

¼ Pfund (125 Gramm) gestoßener Zucker, drei Täfelchen geriebene Vanilleschokolade und fünf Eidotter werden eine halbe Stunde schaumig gerührt, der festgeschlagene Schnee und 106 Gramm feines Mehl leicht daruntergezogen, die Masse in eine mit Butter ausgestrichene Biskuitform gefüllt und leicht gebacken.

42. Schokoladenmakronen.

Zutaten: ½ Pfund (250 Gramm) Zucker, drei Eiklar, ¼ Pfund (125 Gramm) Mandeln, zwei Täfelchen Schokolade.

½ Pfund (250 Gramm) Zucker wird mit drei Eiklar schaumig gerührt, dann ¼ Pfund (125 Gramm) abgezogene und fein gewiegte Mandeln und zwei Täfelchen geriebene Schokolade daruntergemengt und hiervon Häufchen auf Oblaten dressiert und bei gelinder Hitze gebacken.

43. Schokoladenbrezeln.

Zutaten: ½ Pfund (250 Gramm) Zucker, drei Eier, eine halbe Zitrone, zwei Täfelchen Schokolade, ¼ Pfund (125 Gramm) Mandeln, ¼ Pfund (125 Gramm) Mehl.

½ Pfund (250 Gramm) fein gestoßener Zucker wird mit drei ganzen Eiern, der abgeriebenen Schale einer halben Zitrone, zwei Täfelchen geriebener Schokolade, ¼ Pfund (125 Gramm) gewiegten Mandeln und ebenso viel feinem Mehl zu einem feinen Teig abgearbeitet. Von dieser Masse werden durch Ausdrehen kleine Brezeln geformt, mit Wasser bestrichen und bei mittlerer Hitze gebacken.

44. Schokoladesterne.

Zutaten: Zwei Eiweiß, ½ Pfund (250 Gramm) Zucker, ⅛ Pfund (63 Gramm) Schokolade, ⅕ Pfund (100 Gramm) Mehl.

Zwei Eiweiß werden zu Schnee geschlagen, ½ Pfund (250 Gramm) Zucker, ⅛ Pfund (63 Gramm) geriebene Schokolade und ⅕ Pfund (100 Gramm) feines Mehl untergemengt, alles zu einem festen Teig abgearbeitet, messerrückendick ausgerollt, daraus Sterne ausgestochen, diese auf ein Blech gelegt und in nicht zu heißem Rohr gebacken.

45. Zimtsterne.

Zutaten: ½ Pfund (250 Gramm) Mandeln, ½ Pfund (250 Gramm) Zucker, Zimt, Nelken, drei Eiweiß.

½ Pfund (250 Gramm) fein geriebene Mandeln, ebenso viel Zucker, ein Kaffeelöffel voll Zimt und ebenso viel gestoßene Nelken werden in eine Schüssel gegeben und mit dem festgeschlagenen Schnee von drei Eiweiß gut vermischt, dann die Masse auf einem mit Zucker bestreuten Backbrett halbfingerdick ausgerollt, mit einem kleinen Ausstecher in Sternform ausgestochen, auf ein mit Wachs bestrichenes Blech gelegt und sehr langsam im Rohr gebacken.

46. Zimtbrezeln.

Zutaten: ½ Pfund (250 Gramm) Zucker, drei Eier, Zimt, Zitrone, ¼ Pfund (125 Gramm) Mandeln, ¼ Pfund (125 Gramm) Mehl.

½ Pfund (250 Gramm) feiner Zucker wird mit drei ganzen Eiern, einem Kaffeelöffel voll Zimt, der abgeriebenen Schale einer Zitrone, ¼ Pfund (125 Gramm) geriebenen Mandeln und ebenso viel feinem Mehl zu einem festen Teig abgearbeitet, davon durch Ausdrehen kleine Brezeln geformt, diese mit Wasser bestrichen, mit groß gewiegten Mandeln, Zucker und Zimt bestreut und bei mittlerer Hitze gebacken.

47. Zimtmuscheln.

Zutaten: 70 Gramm Butter, 150 Gramm Mehl, 150 Gramm Mandeln,
150 Gramm Mehl, Schnee von einem Ei.

Man knetet mit der Hand 70 Gramm Butter mit 150 Gramm Mehl ab, gibt 150 Gramm Zucker, 150 Gramm fein gewiegte Mandeln, eine Messerspitze Zimt und etwas klein geschnittene Zitronenschale darunter. Diese Masse wird nun mit dem Schnee von einem Ei vermengt. Ein Nudelbrett wird mit Zucker bestreut, der Teig halbfingerdick auf demselben ausgerollt und in die dazu bestimmten Muscheln gedrückt und bei gelinder Hitze leicht gebacken.

48. Gebackene Muscheln.

Zutaten: ¼ Pfund (125 Gramm) Mandeln, ¼ Pfund (125 Gramm) Zucker, der
Schnee von einem Ei, etwas Zitronenschale.

¼ Pfund (125 Gramm) abgezogene, fein geriebene Mandeln, ebenso viel Zucker, etwas gewiegte Zitronenschale und von einem Ei der Schnee, werden zu einem festen Teig abgearbeitet, dann ein Muschelförmchen mit Zucker bestäubt, ein Teil des Teiges in die Muscheln gedrückt, diese auf ein mit Oblaten belegtes Blech gegeben und in nicht zu heißem Rohr gebacken.

49. Nonnenkrapfen.

Zutaten: Kochlebkuchen, Brotbröseln, Zuckersirup, 70 Gramm Zucker, Zimt und Nelken, Zitrone, ein Ei, Mehl.

Man reibt eine starke Handvoll Kochlebkuchen in eine Schüssel und lässt ebenso viel Schwarzbrotbröselchen in Zuckersirup kochen, schüttet dies dann in eine Schüssel und rührt, wenn es ausgekühlt ist, 70 Gramm Zucker, eine Messerspitze Zimt, ebenso viel gestoßene Nelken, klein geschnittene Zitronenschale, ein ganzes Ei und so viel Wein, als das Durchfeuchten erfordert, hinein. Dann macht man einen Teig wie zu geschnittenen Nudeln mit etwas Zucker, walzt ihn gut aus, füllt von der gemachten Farce nussgroße Häufchen darauf, schlägt den Teig darüber, rädelt das Krapfchen genau an der Farce ab, bäckt sie auf einem mit Schreibpapier belegten Blech in nicht zu heißem Rohr.

50. Nonnenkrapfen auf feinere Art.

Zutaten: Mandeln, ein Täfelchen Schokolade, ⅕ Pfund (100 Gramm) Zitronat, ⅕ Pfund (100 Gramm) Orangeat.

Man macht sie wie in voriger Nummer, nur dass man statt Brot gestoßene Mandeln, ein Täfelchen geriebene Schokolade und je ⅕ Pfund (100 Gramm) Zitronat und Orangeat nimmt.

51. Spanische Winde.

Zutaten: vier Eier, ½ Pfund (250 Gramm) Zucker, Marmelade.

Von vier Eiern wird das Weiße zu Schnee geschlagen und alsdann mit ½ Pfund (250 Gramm) feinem Zucker leicht vermengt, dann ein Blech mit Papier belegt, von der Masse mit einem Esslöffel halb eigroße Häufchen darauf gegeben und bei gelinder Hitze schön gelb gebacken. Sodann werden sie behutsam vom Papier abgenommen und das innere Weiche mit einem Teelöffel niedergedrückt, hierauf mit einer beliebigen feinen Marmelade gefüllt, jedes Mal zwei und zwei zusammengesetzt und so zu Tisch gegeben. Es ist sehr darauf zu achten, dass, wenn der Zucker mit dem Schnee vermengt wird (was möglichst schnell geschehen muss), die Masse nicht mehr gerührt werden darf.

52. Schaumgebackenes.

Zutaten: Mandeln, der Schnee von vier Eiweiß wie im vorigen.

Die vorstehende Masse wird in eine Spritze gefüllt und auf ein mit Wachs bestrichenes Blech verschiedene kleine Figuren, z. B. Kränze, Herzen und dergleichen, gespritzt, dann mit fein gehackten, gefärbten Mandeln bestreut und bei gelinder Wärme gebacken. Wenn sie völlig trocken sind und sich fest anfühlen lassen, werden sie vom Blech losgelöst und an einem trockenen Ort aufbewahrt.

53. Kartöffelchen.

Zutaten: wie in voriger Nummer, nur noch etwas Vanillezucker.

Diese werden aus derselben Masse zubereitet wie in voriger Nummer, nur dass man etwas fein gestoßene Vanille dazugibt und auf ein mit Wachs bestrichenes Blech mit einem Teelöffel haselnussgroße Häufchen setzt, die man stark mit feinem Zucker bestreut, eine Viertelstunde lang an einen kühlen Ort stellt und dann in einem abgekühlten Rohr bäckt. Nach dem Backen werden sie sogleich vom Blech genommen und an einem trockenen Ort aufbewahrt.

54. Freimaurer.

Zutaten: vier Eiweiß, 136 Gramm Zucker, 85 Gramm Mehl,
⅕ Pfund (100 Gramm) Zitronat.

Man nehme auf vier Eiweiß 8 Lot (136 Gramm) Zucker in eine Schüssel, rühre es so lange, bis es schaumig wird, und bringe dann 5 Lot (85 Gramm) Mehl und etwas fein gewiegtes Zitronat darunter, bestreicht hierauf ein Blech ganz fein mit Wachs, gibt das Gerührte messerrückendick darauf, bäckt es in nicht zu heißem Rohr, schneidet schnell beliebige Fleckchen daraus und biegt sie, solange sie noch warm sind, über einem Rollholz oder über einem dicken Kochlöffelstiel.

55. Butterblumen.

Zutaten: 325 Gramm Mehl, ½ Pfund (250 Gramm) Zucker, ein Ei, etwas Wein, ½ Pfund (250 Gramm) Butter, 34 Gramm Schmalz.

325 Gramm Mehl, ½ Pfund (250 Gramm) Zucker, eine Messerspitze Zimt, ein kleines Ei und zwei Esslöffel voll Wein werden auf dem Backbrett gut vermengt, dann ½ Pfund (250 Gramm) Butter, 34 Gramm Schmalz dazu geschnitten und alles zusammen mit der Hand zu einem Teig abgerieben, den man eine Stunde ruhen lässt. Hierauf walkt man ihn zwei Messerrücken dick aus, nachdem man ihn zuvor einige mal wie beim Butterteig überschlagen hat, sticht mit einem blechernen Modell Blumen daraus, legt sie auf ein mit Mehl bestäubtes Blech und lässt sie schön gelb backen.

56. Geduldszeltchen.

Zutaten: 150 Gramm Zucker, zwei Eier, 150 Gramm Mehl, eine halbe Zitrone.

150 Gramm Zucker werden mit zwei ganzen Eiern eine halbe Stunde lang schaumig gerührt und dann 150 Gramm feines Mehl daruntergemengt, auch die abgeriebene Schale einer halben Zitrone, dann ein Blech mit Wachs bestrichen, mit einem Kaffeelöffel kleine Häufchen auf dasselbe gesetzt und in nicht zu heißem Rohr gebacken.

57. Weihnachtsbrezeln.

Zutaten: ½ Pfund (250 Gramm) Mehl, ½ Pfund (250 Gramm) Butter, vier Eidotter, zwei Esslöffel voll saurer Rahm, Zitrone.

Von ½ Pfund (250 Gramm) feinem Mehl, ½ Pfund (250 Gramm) Butter, vier Eidottern, zwei Esslöffeln voll saurem Rahm und dem abgeriebenen Gelben einer Zitrone arbeitet man einen feinen Teig aus und lässt ihn zugedeckt eine Stunde ruhen; dann formt man durch Ausdrehen des Teiges kleine Brezeln, bestreicht sie mit Eigelb, bestreut sie mit gewiegten Mandeln und gestoßenem Zucker, legt sie auf ein mit Schmalz bestrichenes Backblech und bäckt sie bei mäßiger Hitze.

58. Weihnachtsbrezeln auf andere Art.

Zutaten: ½ Pfund (250 Gramm) Mehl, ¼ Pfund (125 Gramm) Butter, ¼ Pfund (125 Gramm) Zucker, zwei Eier, ein Dotter, saurer Rahm.

½ Pfund (250 Gramm) Mehl, ¼ Pfund (125 Gramm) Butter, ¼ Pfund (125 Gramm) Zucker, zwei ganze Eier und einen Dotter, etwas Zimt und zwei Esslöffel voll guten sauren Rahm verarbeitet man zu einem Teig, den man zugedeckt eine Stunde ruhen lässt, dann formt man kleine Brezeln, legt sie auf ein bestrichenes Blech und bäckt sie bei mittlerer Hitze. Man glasiert sie mit weißer Glasur.

59. Butterbrezeln.

Zutaten: ¾ Pfund (375 Gramm) Mehl, drei harte Eidotter, 68 Gramm Zucker, 200 Gramm Butter, Zitrone.

¾ Pfund (375 Gramm) Mehl wird mit drei hartgesottenen Eidottern, welche man durchpassiert, 68 Gramm Zucker, 200 Gramm Butter und der abgeriebenen Schale von einer Zitrone zu einem Teig zusammengearbeitet und kleine Brezeln davon gemacht, die auf ein mit Mehl bestäubtes Blech gelegt, dann mit Eidotter bestrichen, mit feinem Zucker bestreut und in nicht zu heißem Rohr gebacken werden.

60. Anisbrezeln.

Zutaten: 140 Gramm Mehl, ⅕ Pfund (100 Gramm) Butter, ⅕ Pfund (100 Gramm) Zucker, Anis, 70 Gramm Zitronat, zwei Eier.

140 Gramm schönes Mehl, ⅕ Pfund (100 Gramm) Butter, ⅕ Pfund (100 Gramm) Zucker, ein Esslöffel voll süßer Anis, 70 Gramm fein geschnittenes Zitronat und zwei ganze Eier werden zu einem Teig angemacht, daraus Brezeln geformt, auf ein mit Wachs bestrichenes Blech gelegt und wie in voriger Nummer gebacken.

61. Mandelbrezeln.

Zutaten: ½ Pfund (250 Gramm) Mandeln, ½ Pfund (250 Gramm) Zucker, ½ Pfund (250 Gramm) Butter, ¾ Pfund (375 Gramm) Mehl, zwei Eier, Zimt.

½ Pfund (250 Gramm) geschälte und fein geriebene Mandeln werden mit ½ Pfund (250 Gramm) Zucker und ebenso viel Butter, ¾ Pfund (375 Gramm) Mehl, einem Teelöffel voll gestoßenem Zimt und zwei Eiern zu einem Teig verarbeitet, und nachdem er einige Zeit geruht, davon Brezeln gemacht, diese auf ein bestrichenes Blech gelegt und im Rohr gebacken.

62. Nussbrezeln.

Zutaten: 90 Gramm Butter, 90 Gramm Zucker, ½ Pfund (250 Gramm) Mehl, zwei Eier, ⅕ Pfund (100 Gramm) Nüsse, Zitrone, Presshefe.

90 Gramm Butter werden schaumig gerührt, 90 Gramm gestoßener Zucker, ½ Pfund (250 Gramm) feines Mehl, zwei Eier, ⅕ Pfund (100 Gramm) geriebene Nüsse, etwas Zitronenschale, um fünf Pfennig aufgelöste Presshefe dazugemengt und unter Zugießen von der nötigen Milch ein guter Teig abgearbeitet und zum Aufgehen gestellt. Alsdann gibt man ihn auf das Backbrett, formt kleine Brezeln, welche man mit Eidotter bestreicht und wie die vorstehenden bäckt.

63. Vanillebrezeln.

Zutaten: ½ Pfund (250 Gramm) Vanillezucker, vier Eier, 1 Pfund Mehl.

½ Pfund (250 Gramm) Vanillezucker wird mit vier Eiern schaumig gerührt und 1 Pfund (500 Gramm) feines Mehl daruntergemengt. Aus dieser Masse werden nun kleine Brezeln geformt, diese auf ein mit Butter bestrichenes, mit Mehl besätes Backblech gelegt, mit Eigelb leicht bestrichen, mit feinem Zucker bestreut und im Rohr blassgelb gebacken.

64. Brezeln vom mürben Teig.

Zutaten: ¼ Pfund (125 Gramm) Zucker, ¼ Pfund (125 Gramm) Mehl, ⅕ Pfund (100 Gramm) Butter, zwei Eidotter, saurer Rahm, Zitrone.

¼ Pfund (125 Gramm) fein gestoßener Zucker, ¼ Pfund (125 Gramm) Mehl, ⅕ Pfund (100 Gramm) Butter, zwei Eidotter, zwei Esslöffel saurer Rahm und etwas abgeriebene Zitronenschale werden zusammen auf dem Nudelbrett zu einem Teig angemacht und eine Stunde ruhen gelassen, dann daraus Brezeln geformt, mit Eigelb bestrichen, abgezogene gewiegte Mandeln daraufgestreut und schön gelb gebacken.

65. Brezeln auf andere Art.

Zutaten: ⅕ Pfund (100 Gramm) Butter, ⅕ Pfund (100 Gramm) Mehl, ⅕ Pfund (100 Gramm) Zucker, ein Ei, etwas Backpulver.

⅕ Pfund (100 Gramm) Butter, ⅕ Pfund (100 Gramm) Mehl, ⅕ Pfund (100 Gramm) Zucker, ein Ei, eine Messerspitze Salz und ein Kaffeelöffel voll Kuchenpulver werden zu einem Teig zusammengemacht und daraus Brezeln geformt. Dieser Teig darf nicht ruhen, sondern muss sofort gebacken werden.

66. Mannheimer Weihnachtsbrezeln.

Zutaten: je 200 Gramm Weinbeeren, Sultaninen, Mandeln, Zucker, 1 Pfund (500 Gramm) Mehl, ½ Pfund (250 Gramm) Butter, fünf Eidotter, Milch, Hefe.

200 Gramm Weinbeeren und 200 Gramm Sultaninen werden gut gereinigt, gewaschen, abgetrocknet und mit 200 Gramm grob geschnittenen Mandeln, 200 Gramm Zucker, einem Kaffeelöffel voll Zimt in eine Schale gegeben und untergemengt. Nun bereitet man aus 500 Gramm Mehl, ½ Pfund (250 Gramm) Butter, fünf Eidottern, ½ Liter Milch, etwas Salz, Zucker und um fünf Pfennig Presshefe einen nicht zu festen Teig, arbeitet ihn gut ab und stellt ihn zum Gehen an einen warmen Ort. Dann werden eigroße Stücke abgestochen, die Rosinen und Mandeln auf den Tisch gestreut, der abgestochene Teig zu einem fingerlangen Streifen so ausgerollt, dass die Rosinen reichlich hervorsehen, aus diesem kleine Brezeln geformt, auf ein erwärmtes Blech gesetzt, dann zum Aufgehen warm gestellt, mit Ei bestrichen und lichtgelb gebacken. Sind vorzüglich zu Tee, Punsch, auch Schokolade.

67. Mannheimer Brezeln auf andere Art.

Zutaten: 200 Gramm Zucker, 200 Gramm Butter, Mehl, vier ganze Eier, Zitrone, Zimt.

200 Gramm Zucker und 200 Gramm Butter werden schaumig gerührt, nach und nach vier ganze Eier, etwas fein geschnittene Zitronenschale, Mehl und Zimt dazugegeben, kleine Brezeln daraus gedreht, auf ein mit Butter bestrichenes Blech gelegt und ziemlich heiß gebacken.

68. Kastanienbrezeln.

Zutaten: 1 Pfund (500 Gramm) Kastanien, ¼ Pfund (125 Gramm) Butter und ebenso viel Mehl, ⅕ Pfund (100 Gramm) Zucker, ein Ei.

1 Pfund (100 Gramm) Kastanien werden gebraten, abgeschält, durch ein Sieb passiert, so dass man eine mehlartige Substanz erhält. Von dieser wird ½ Pfund (250 Gramm) auf ein Nudelbrett gegeben und mit ¼ Pfund (125 Gramm) Butter, ebenso viel Mehl, ⅕ Pfund (100 Gramm) Zucker, einem Ei, ein wenig Salz zu einem Teig angemacht, aus dem man kleine Brezlen formt, auf ein Backblech setzt, mit Ei bestreicht, langsam schön braun bäckt.

69. Gewöhnliches Biskuit.

Zutaten: ¼ Pfund (125 Gramm) Zucker, vier Eier, ¼ Pfund (125 Gramm) Mehl.

¼ Pfund (125 Gramm) Zucker wird mit dem Gelben von vier Eiern schaumig gerührt, der festgeschlagene Schnee von den vier Eiweiß und ¼ Pfund (125 Gramm) feines Mehl daruntergezogen, die Masse in einen Trichter gefüllt, hiervon auf Papier Biskuits dressiert, diese mit Zucker besät und langsam im Rohr gebacken.

70. Pfaffenkäppchen.

Zutaten: ⅕ Pfund (100 Gramm) Butter, ⅕ Pfund (100 Gramm) Zucker, ⅕ Pfund (100 Gramm) Mehl, ein Ei, Mandeln.

Man mache einen mürben Teig von Butter, saurem Rahm und Eidotter, walze ihn messerrückendick aus, rädle viereckige kleine Fleckchen, mische abgezogene, fein geriebene Mandeln mit etwas Zitronensaft und einigen Eidottern und dem nötigen Zucker zu einem Teig, lege etwas von diesem in die Fleckchen, drücke diese dann an den vier Enden zusammen, bestreiche sie mit Eidotter und backe sie auf einem Blech im Rohr.

71. Weihnachtsstriezeln.

Zutaten: ½ Pfund (250 Gramm) Zucker, zwei ganze Eier, drei Dotter, eine halbe Zitrone, 275 Gramm Mehl, ¼ Pfund (125 Gramm) Zitronat und Orangeat und ein Kaffeelöffel voll süßer Anis.

½ Pfund (250 Gramm) Zucker wird mit zwei ganzen Eiern, drei Eidottern und der abgeriebenen Schale einer halben Zitrone eine halbe Stunde schaumig gerührt, dann mit 275 Gramm feinem Mehl, je ¼ Pfund (125 Gramm) Zitronat und Orangeat und zwei Kaffeelöffeln von Sternanis gut vermengt, nun ein Nudelbrett mit Mehl bestäubt, aus der Masse fingerlange Striezeln geformt, welche man mit dem Messer der Quere nach drei bis vier mal eindrückt, dann auf ein mit Wachs bestrichenes Blech gelegt und eine halbe Stunde bei mäßiger Hitze gebacken. Sie müssen oben weiß bleiben.

72. Weihnachtsstriezeln auf andere Art.

Zutaten: vier Eidotter, ein Ei, ½ Pfund (250 Gramm) Zucker, ¼ Pfund (125 Gramm) Mehl, Zitrone.

Vier Eidotter und ein ganzes Ei werden schaumig gerührt, mit ½ Pfund (250 Gramm) Zucker und einer halben Zitronenschale, dann ¼ Pfund (125 Gramm) feinem Mehl vermengt, nun ein Blech mit Wachs bestrichen, längliche Striezel von der Masse darauf gegeben, mit grobem Zucker bestreut und bei mäßiger Hitze gebacken. Sie werden noch warm vom Blech gelöst.

73. Weihnachtsstriezeln auf dritte Art.

Zutaten: ½ Pfund (250 Gramm) Zucker, zwei Eier, zwei Dotter, 35 Gramm Zitronat, 35 Gramm Orangeat, ½ Pfund (250 Gramm) Mehl.

½ Pfund (250 Gramm) Zucker wird mit zwei ganzen Eiern und zwei Dottern eine halbe Stunde schaumig gerührt, dann 2 Lot (35 Gramm) Zitronat, ebenso viel Orangeat, die gelbe Schale einer Zitrone und ½ Pfund (250 Gramm) feines Mehl damit gut abgearbeitet und daraus fingerlange Nudeln geformt, etwas breit gedrückt, mit einem Messer der Länge nach ein Einschnitt gemacht und so eine Viertelstunde ruhen gelassen. Die Schnitten werden nun mit Eigelb bestrichen, auf ein Blech gesetzt und langsam im Rohr gebacken. Sie sind ausgezeichnet gut und können lange aufgehoben werden.

74. Englische Weihnachtsschnitten.

Zutaten: ½ Pfund (250 Gramm) Zucker, vier Eier, Zitrone, ½ Pfund (250 Gramm) Mandeln, ⅕ Pfund (100 Gramm) Weinbeeren, ½ Pfund (250 Gramm) Mehl.

½ Pfund (250 Gramm) Zucker wird mit vier Eiern und der abgeriebenen Schale einer Zitrone schaumig gerührt. ½ Pfund (250 Gramm) abgezogene, fein gewiegte Mandeln, ⅕ Pfund (100 Gramm) gewaschene Weinbeeren und ½ Pfund (250 Gramm) feines Mehl daruntergemengt, nun ein Nudelbrett mit Zucker bestäubt und der Teig halb fingerdick ausgewalkt, viereckige Stückchen daraus geschnitten, auf ein Blech gelegt und bei mäßiger Hitze gebacken. Sie werden warm mit Zuckerglasur bestrichen und getrocknet.

75. Prophetchen.

Zutaten: ¼ Pfund (125 Gramm) Mehl, 70 Gramm Zucker, 70 Gramm Butter, zwei Eigelb, vier Esslöffel saurer Rahm, Zimt, Zitrone.

¼ Pfund (125 Gramm) feines Mehl wird mit 70 Gramm Zucker, 70 Gramm Butter, zwei Eigelb, zwei Esslöffeln voll dickem sauren Rahm und etwas abgeriebener Zitronenschale auf dem Nudelbrett zu einem feinen Teig verarbeitet, dieser dann messerrückendick ausgerollt, mit zerlassener Butter bestrichen, mit Zucker und etwas Zimt gemischt bestreut, dann viereckige oder runde Fleckchen ausgerädelt, auf ein mit Butter bestrichenes Blech gelegt und bei mäßiger Hitze hellgelb gebacken.

76. Christbaumgebäck.

Zutaten: ¼ Pfund (125 Gramm) Butter, ¼ Pfund (125 Gramm) Zucker, ¼ Pfund (125 Gramm) Mandeln, 200 Gramm Mehl, Milch.

Aus ¼ Pfund (125 Gramm) Butter, ¼ Pfund (125 Gramm) Zucker, ¼ Pfund (125 Gramm) geriebenen Mandeln, 200 Gramm Mehl und etwas Milch wird ein zarter Teig gemacht, dünn ausgerollt, mit dem Ausstecher Figuren ausgestochen, mit Eidotter bestrichen, schön gelb gebacken.

77. Pfeffernüsse.

Zutaten: ½ Pfund (250 Gramm) Zucker, zwei Eier, Nelken, Zitrone, Kardamom, ½ Pfund (250 Gramm) Mehl.

Man rührt ½ Pfund (250 Gramm) Zucker mit zwei großen Eiern eine Viertelstunde lang, gibt die klein geschnittene Schale einer Zitrone, einen Kaffeelöffel voll Zimt, ebenso viel Nelken und Kardamom und zuletzt ½ Pfund (250 Gramm) Mehl dazu und mengt die Masse gut untereinander, gibt sie auf ein mit Mehl bestäubtes Backbrett, rollt sie fingerdick aus und sticht mit einem runden Ausstecher in der Größe eines Zehnpfennigstückes Plätzchen aus, gibt sie auf ein Blech und lässt sie sechs bis acht Stunden stehen. Sie werden bei schwacher Hitze gebacken.

78. Linzer Kränzchen.

Zutaten: ¼ Pfund (125 Gramm) Mehl, ¼ Pfund (125 Gramm) Zucker, ¼ Pfund (125 Gramm) Butter, ⅕ Pfund (100 Gramm) Mandeln, zwei Esslöffel Rum, vier Eidotter, eine halbe Zitrone.

¼ Pfund (125 Gramm) feines Mehl, ¼ Pfund (125 Gramm) Staubzucker, ¼ Pfund (125 Gramm) Butter werden auf dem Backbrett mit ⅕ Pfund (100 Gramm) fein geriebenen Mandeln, der Schale einer halben Zitrone, zwei bis drei Esslöffeln Rum und vier Eidottern gut abgearbeitet, dann der Teig ausgerollt und kleine Kränzchen daraus geformt, diese mit Eigelb bestrichen, mit Grobzucker bestreut und braun gebacken. Halten sich drei Wochen.

79. Pogatscherl.

Zutaten: ½ Pfund (250 Gramm) Butter, vier Eidotter, 200 Gramm Zucker, 200 Gramm Mehl, der Schnee von vier Eiern.

½ Pfund (250 Gramm) Butter wird schaumig gerührt, nach und nach vier Eidotter, ½ Pfund (250 Gramm) Zucker, ein wenig gestoßene Vanille, der Schnee von den vier Eiweiß und zuletzt ½ Pfund (250 Gramm) Mehl dazugegeben und alles zu einem Teig abgemacht, dieser fingerdick ausgerollt, mit einem Weinglas Blättchen daraus gestochen, in deren Mitte man mit dem Finger eine kleine Höhlung macht; bestreicht sie dann mit Eiweiß und bestreut sie mit abgezogenen gehackten Mandeln, bäckt sie und gibt nach dem Erkalten eingemachte Weichsel darauf.

80. Tarteletten.

Zutaten: 1 Pfund (500 Gramm) Mehl, ¼ Pfund (125 Gramm) Butter, ⅕ Pfund (100 Gramm) Zucker, zwei Eier, vier Dotter.

Man gibt 1 Pfund (500 Gramm) Mehl auf ein Backbrett, macht in der Mitte eine Grube, gibt ¼ Pfund (125 Gramm) Butter, ⅕ Pfund (100 Gramm) Zucker, zwei Eier und vier Dotter dazu, knetet dies möglichst rasch zu einem glatten Teig und lässt ihn an einem kühlen Ort ruhen; hierauf wird er ausgerollt, mit einem Weinglas kleine Böden davon ausgestochen, von den Abfällen kleine Streifen gerollt und um die Böden herumgelegt, mit Ei bestrichen und goldgelb auf dem Kuchenblech gebacken. Beim Gebrauch werden sie mit Konfitüren oder mit frischen eingemachten Früchten gefüllt.

81. Haltbare Tarteletten.

Zutaten: 1 Pfund (500 Gramm) Mehl, 1 Pfund (500 Gramm) Butter, ¼ Pfund (125 Gramm) Zucker, sechs Eidotter.

Man vermengt 1 Pfund (500 Gramm) Mehl mit 1 Pfund (500 Gramm) Butter, ¼ Pfund (125 Gramm) Zucker und sechs Eidottern rasch zu einem Teig und stellt ihn eine Stunde lang kühl, rollt ihn dann einen halben Zentimeter dick aus, formt ihn mit einem Wasserglas zu Kuchen, legt diese auf Papier und auf das Backblech, einen Teigrand darauf und bäckt sie in nicht zu heißem Rohr.

82. Aprikosenbrötchen.

Zutaten: Aprikosenmarmelade, eine halbe Zitrone, ½ Pfund (250 Gramm) Zucker.

Man gibt vier Esslöffel voll recht feste Aprikosenmarmelade mit dem Saft einer halben Zitrone über ½ Pfund (250 Gramm) ganz fein gesiebten Zucker auf das Backbrett und knetet sie, wie man Brot knetet, in den Zucker, bis sie gar nicht mehr klebt, formt dann runde Kugeln in Walnussgröße daraus, dreht sie in grob gestoßenem Zucker um und trocknet sie, über Papier gelegt und dick mit Zucker bestreut, im gänzlich abgekühlten Rohr. Sind die Brötchen trocken, schneidet man aus weißem Papier kleine Kreise von 8 Zentimetern Durchmesser und faltet die Ränder fingerbreit mit einem kleinen Messer (wie Plissee), wodurch halb geschlossene Kapseln entstehen, die man mit Zucker bestreut, legt die Brötchen hinein und bewahrt sie an einem trockenen Ort auf.

83. Quittenbrötchen.

Zutaten: Quittenmarmelade, sonst wie in voriger Nummer.

Man nimmt Quittenmarmelade und behandelt sie ebenfalls wie die Aprikosenbrötchen. Lassen sich lange aufbewahren.

84. Nussplätzchen.

Zutaten: 1 Pfund (500 Gramm) Farinzucker, drei Eier, 1 Pfund (500 Gramm) Nusskerne, Zitronenschale, Oblaten.

1 Pfund (500 Gramm) Farinzucker wird mit drei Eiern eine Viertelstunde gerührt und mit 1 Pfund (500 Gramm) fein gewiegten Nusskernen sowie etwas Zitronenschale vermengt, davon auf Oblaten kleine Häufchen gesetzt, auf dem Kuchenblech schön gelb gebacken und dann mit einer beliebigen Glasur überstrichen.

85. Schokoladenkonfekt.

Zutaten: ¼ Pfund (125 Gramm) Mehl, 85 Gramm Zucker, ein Ei, 17 Gramm Kakao, 17 Gramm Schmalz, Ammonium.

¼ Pfund (125 Gramm) Mehl, 85 Gramm Zucker, eine Messerspitze Ammonium, ein Ei, 17 Gramm Kakao, 17 Gramm Schmalz werden gut angemacht, auf Oblaten gesetzt und rasch gebacken.

86. Marschallschnitten.

Zutaten: 140 Gramm Mandeln, 210 Gramm Zucker, 210 Gramm Mehl, ein Ei.

8 Lot (140 Gramm) Mandeln werden mit 12 Lot (210 Gramm) Zucker gestoßen und gesiebt, gibt dann 12 Lot (210 Gramm) Mehl und etwas Gewürz auf ein Brett und macht das Ganze mit einem Ei zu einem Teig an, rollt denselben messerrückendick aus, überzieht ihn mit eingemachten Himbeeren und bäckt ihn. Wird mit einer Zitronenglasur überzogen und auseinander geschnitten.

87. Italienische Makronen.

Zutaten: 70 Gramm Mandeln, 210 Gramm Zucker, vier Eiweiß,
2 Täfelchen Schokolade, Oblaten.

4 Lot (70 Gramm) rohe Mandeln werden fein gerieben und mit 12 Lot (210 Gramm) Zucker und vier Eiweiß schaumig gerührt, dann etwas Zimt und zwei Täfelchen geriebene Schokolade dazugegeben, auf Oblaten kleine Häufchen dressiert und über Nacht zum Trocknen gestellt. Sie werden kühl gebacken.

88. Schokoladebögen auf andere Art.

Zutaten: 35 Gramm Mandeln, 18 Gramm Mehl, 105 Gramm Zucker, 35 Gramm Kakao, zwei Eiweiß.

35 Gramm Mandeln werden fein gerieben und mit 18 Gramm Mehl, 105 Gramm Zucker, 35 Gramm Kakao, zwei Eiweiß und einem Esslöffel voll Wasser auf dem Feuer abgerührt, auf länglich geschnittene Oblaten gestrichen, mit ebenso geschnittenen Mandeln bestreut, auf Bogenformen gelegt und langsam gebacken.

89. Zimtsterne.

Zutaten: ½ Pfund (250 Gramm) Zucker, drei Eiweiß, ½ Pfund (250 Gramm) Mandeln, Zimt.

½ Pfund (250 Gramm) Zucker wird mit drei Eiweiß schaumig gerührt und ½ Pfund (250 Gramm) abgezogene, fein gewiegte Mandeln, ein Esslöffel voll Zimt gut daruntergemengt, dann ein Brett mit Zucker bestreut, die Masse daraufgegeben und halb fingerdick ausgewalkt, Sterne ausgestochen, diese auf ein mit Wachs bestrichenes Blech gelegt und bei mäßiger Hitze gebacken. Hierauf werden sie mit einer Zuckerglasur überstrichen und im Rohr getrocknet.

90. Gewürzkränzchen.

Zutaten: ¾ Pfund (375 Gramm) Mehl, ¾ Pfund (375 Gramm) Brösel, ½ Pfund (250 Gramm) Zucker, sechs bis acht Eier, Zimt, Nelken.

¾ Pfund (375 Gramm) Mehl, ¾ Pfund (375 Gramm) süße Brösel, ½ Pfund (250 Gramm) Zucker und eine Messerspitze Salz werden mit sechs bis acht Eiern angemacht, etwas Zimt und Nelkengewürz beigegeben und daraus kleine Kränzchen geformt, mit Ei bestrichen und gebacken. Sie sind sehr ergiebig.

91. Gute Zimtmasse.

Zutaten: ½ Pfund (250 Gramm) Zucker, 1 Pfund (500 Gramm) Mehl, drei Eier, fünf Eigelb, 15 Gramm Zimt, Kuchenpulver.

½ Pfund (250 Gramm) Zucker, 1 Pfund (500 Gramm) Mehl werden mit drei ganzen Eiern und fünf Eigelb gerührt, ein Päckchen Kuchenpulver und 17 Gramm gestoßener Zimt dazugerührt, daraus Kränzchen und Brezeln geformt.

92. Fulda.

Zutaten: ½ Pfund (250 Gramm) Mehl, 75 Gramm Zucker, 135 Gramm Buter, vier Eidotter, Zitrone.

½ Pfund (250 Gramm) Mehl, 75 Gramm Zucker, 135 Gramm Buter, vier Eidotter und von einer halben Zitrone die Schale werden gut untereinander gemengt und daraus länglich runde Plätzchen geformt, mit Ei bestrichen und gebacken. Sie werden mit einer Orangenglasur überstrichen und getrocknet.

93. Bauernkrapfen.

Zutaten: ¾ Pfund (375 Gramm) Mandeln, ¼ Pfund (125 Gramm) Weinbeeren, ¼ Pfund (125 Gramm) Zibeben, zwei Zitronen, ½ Pfund (250 Gramm) Zucker, zwei Eiklar.

¾ Pfund (375 Gramm) Mandeln werden gut abgewischt, länglich geschnitten und in eine Schüssel gelegt, dann ¼ Pfund (125 Gramm) sauber gewaschene und abgetrocknete Weinbeeren, ¼ Pfund (125 Gramm) große, von den Kernen befreite und länglich geschnittene Zibeben, von zwei Zitronen die Schale dazugegeben, dann ½ Pfund (250 Gramm) Zucker mit zwei Eiklaren schaumig gerührt, das Vorstehende dazu gegeben und daraus kleine Klößchen auf Oblaten geformt und langsam goldgelb gebacken. Werden nochmal so groß.

94. Sultan.

Zutaten: acht hart gekochte Eidotter, ¾ Pfund (375 Gramm) Mehl, ½ Pfund (250 Gramm) Butter, ½ Pfund (250 Gramm) Zucker, drei ganze Eier, Zitrone.

Acht hart gekochte Eidotter werden durch ein Sieb auf ein Nudelbrett passiert, dann mit ¾ Pfund (375 Gramm) Mehl, ½ Pfund (250 Gramm) Butter, ½ Pfund (250 Gramm) Zucker, drei ganzen Eiern und zwei auf Zucker abgeriebenen Zitronenschalen mit der Hand zu einem sehr feinen Teig abgemacht. Dann stark federkieldick ausgerollt und daraus kleine runde Kuchen gestochen, diese mit Ei bestrichen, in deren Mitte wird etwas Johannisbeer- oder Hagebuttenmark gegeben und diese goldgelb gebacken.

95. Billiges Weihnachtsgebäck.

Zutaten: 1 Pfund (500 Gramm) Zucker, 2 Pfund (1 Kilo) Mehl, 5 Eier, ½ Pfund (250 Gramm) Mandeln, ⅕ Pfund (100 Gramm) Zitronat, ⅕ Pfund (100 Gramm) Orangeat, eine Zitrone, Gewürz, Kardamom, Kuchenpulver.

1 Pfund (500 Gramm) Zucker, 2 Pfund (1 Kilo) Mehl, 5 ganze Eier, ½ Pfund (250 Gramm) geriebene Mandeln oder Haselnusskerne, ⅕ Pfund (100 Gramm) Zitronat, ⅕ Pfund (100 Gramm) Orangeat, von einer Zitrone die Schale, ein Kaffeelöffel voll Zimt, ebenso viel gestoßene Nelken, etwas Kardamom und ein Päckchen Kuchenpulver werden auf dem Nudelbrett zu einem feinen Teig gearbeitet (sollte der Teig zu fein sein, muss man noch ein Ei dazu nehmen). Man lässt ihn eine halbe Stunde ruhen und sticht hierauf Sterne, Halbmonde usw. aus, legt sie auf ein mit Wachs bestrichenes Blech und bäckt sie bei guter Hitze. Man kann sie mit Zuckerglasur, farbig oder weiß, auch mit gefärbtem Streuzucker überstreuen. An einem trockenen Ort aufbewahrt, halten sie sich sehr lange.

96. Prinzesstörtchen.

Zutaten: Zucker, Mehl, Zitrone, harte Eidotter und drei rohe Eier.

Man nimmt auf einem Nudelbrett halb Mehl und halb gestoßenen Zucker, von einer Zitrone die abgeriebene Schale. So schwer das Mehl und der Zucker gewogen, gebe man auch Butter dazu, dann etliche gesottene und durch das Sieb gestrichene Eidotter, etliche bittere und süße Mandellaibchen mit fein gestoßenem Biskuit dazu drei rohe Eidotter. Man arbeitet dies mit der Hand schnell zu einem feinen Teig ab, sticht mit einem runden Ausstecher kleine Törtchen aus und bäckt sie bei gelinder Hitze.

97. Prinzesstörtchen auf andere Art.

Zutaten: ½ Pfund (250 Gramm) Mehl, ½ Pfund (250 Gramm) Zucker, ¼ Pfund (125 Gramm) Butter, drei harte Eidotter, drei rohe Eier, ⅕ Pfund (100 Gramm) Mandeln, ¼ Pfund (125 Gramm) Biskuit, ¼ Pfund (125 Gramm) Mandellaibchen, Zimt.

½ Pfund (250 Gramm) Mehl, ½ Pfund (250 Gramm) Zucker, ¼ Pfund (125 Gramm) Butter, die abgeriebene Schale einer Zitrone, drei hart gekochte Eidotter und drei rohe Eidotter, ¼ Pfund (125 Gramm) geriebene Biskuitlaibchen, ⅕ Pfund (100 Gramm) Mandeln, in welchen zwei bis drei bittere enthalten sind, und etwas Zimt macht man zu einem feinen Teig an und verfährt dann wie in voriger Nummer.

98. Zitronenbögen.

Zutaten: 150 Gramm Zucker, zwei Eier, von zwei Eiern der Schnee,
¼ Pfund (125 Gramm) Mehl, Zitrone.

½ Pfund (250 Gramm) Zucker wird mit zwei ganzen Eiern und dem Schnee von zwei Eiern samt der fein gewiegten Schale einer Zitrone eine halbe Stunde gerührt, dann der Saft von einer Zitrone und ¼ Pfund (125 Gramm) feines Mehl dazu gemengt und ein warm gemachtes Blech mit Wachs bestrichen, die Masse messerrückendick daraufgegeben und gebacken. Man schneidet noch im warmen Zustand Streifen daraus und biegt sie noch warm über einem Bogenblech oder über einem runden Holz.

99. Biskuitbögen.

Zutaten: drei eischwer Zucker, ein Ei, zwei Dotter, drei eischwer Mehl,
von zwei Eiern der Schnee.

Man nimmt drei eischwer Zucker, schlägt ein ganzes Ei und zwei Dotter dazu, rührt dies eine halbe Stunde schaumig, gibt dann ebenso viel Mehl wie Zucker und den Schnee von zwei Eiern darunter. Ein Blech wird mit Wachs bestrichen, der Teig messerrückendick daraufgegeben, mit fein gewiegten Mandeln bestreut und bei mäßiger Hitze halb gebacken, dann auf dem Blech in zwei Finger dicke Streifen geschnitten, noch ganz ausgebacken, mit dem Messer vom Blech gelöst und noch warm über ein dickes rundes Holz gebogen.

100. Mandelbögen.

Zutaten: ⅕ Pfund (100 Gramm) Zucker, 70 Gramm Mandeln, eine halbe Zitrone, 35 Gramm Mandeln, ein Löffel voll Stärkemehl.

⅕ Pfund (100 Gramm) Zucker wird mit 70 Gramm fein gewiegten Mandeln, der Schale von einer halben Zitrone und drei zu Schnee geschlagenen Eiweiß eine Viertelstunde gerührt, dann 2 Lot (35 Gramm) abgezogene, der Länge nach geschnittene Mandeln und ein Kochlöffel voll Stärkemehl darangerührt, der Teig gut messerrückendick auf ein mit Oblaten belegtes Blech gestrichen, halb ausgebacken, in zwei Finger breite und ebenso lange Streifen geschnitten, ganz fertig gebacken und über einem runden Holz gebogen.

101. Mandelbögen auf andere Art.

Zutaten: ½ Pfund (250 Gramm) Mandeln, ½ Pfund (250 Gramm) Zucker, drei Eier, Zitrone.

½ Pfund (250 Gramm) abgezogene Mandeln werden mit einem ganzen Ei fein gestoßen, dann mit ½ Pfund (250 Gramm) Zucker, drei ganzen Eiern und der abgeriebenen Schale von einer Zitrone schaumig gerührt, der Teig messerrückendick auf ein mit Wachs bestrichenes Blech gegeben und hellgelb gebacken. Hierauf werden viereckige Stücke daraus geschnitten, über einem runden Holz gebogen und aufbewahrt.

102. Mandelbögen auf dritte Art.

Zutaten: ¼ Pfund (125 Gramm) Mandeln, ½ Pfund (250 Gramm) Zucker, drei Eiklar.

¼ Pfund (125 Gramm) abgezogene Mandeln werden im Mörser mit einem Eiklar fein gestoßen und dann mit ½ Pfund (250 Gramm) Zucker und zwei Eiklar schaumig gerührt. Die Masse muss dick sein, jedoch so, dass sie sich noch streichen lässt. Oblaten werden in zwei Finger breite und fingerlange Streifen geschnitten, messerrückendick überstrichen, mit groß gestoßenem Zucker bestreut, die Streifen auf ein mit Butter bestrichenes Mandelbogenblech gelegt und im Rohr lichtgelb gebacken.

103. Mandelbögen auf vierte Art.

Zutaten: ½ Pfund (250 Gramm) Zucker, sechs Eiklar, ½ Pfund (250 Gramm) Mandeln.

½ Pfund (250 Gramm) Zucker, sechs Eiklar, ½ Pfund (250 Gramm) gebrühte abgezogene und in Stiften geschnittene Mandeln werden in einer Pfanne auf dem Feuer erwärmt und so lange geschlagen, bis die Masse ganz dick ist, diese dann auf Oblaten gestrichen wie in voriger Nummer und gebacken.

104. Mandellaibchen.

Zutaten: ½ Pfund (250 Gramm) Mandeln, ½ Pfund (250 Gramm) Zucker, der Schnee von drei Eiern.

½ Pfund (250 Gramm) abgeschälte und fein geriebene Mandeln rührt man mit ½ Pfund (250 Gramm) Zucker und dem Schnee von drei Eiklar gut untereinander, setzt davon auf Oblaten kleine Häufchen und bäckt sie bei gelinder Hitze.

105. Mandellaibchen auf andere Art.

Zutaten: je ½ Pfund (250 Gramm) Zucker und Mandeln, drei Eiklar.

½ Pfund (250 Gramm) Zucker wird mit drei Eiklar in einer auf kochendes Wasser gestellten Schüssel schaumig gerührt und ½ Pfund (250 Gramm) Mandeln dazugegeben, dann auf Oblaten kleine Häufchen gesetzt und bei gelinder Hitze gebacken.

106. Mandelkonfekt.

Zutaten: ¼ Pfund (125 Gramm) Zucker, drei Eiweiß, ¼ Pfund (125 Gramm) Mandeln, 68 Gramm Zitronat.

Man rührt ¼ Pfund (125 Gramm) Zucker mit drei Eiweiß zu Schaum, schneidet ¼ Pfund (125 Gramm) abgeschälte Mandeln, 68 Gramm Zitronat klein, mengt sie auch darunter, formt kleine Häufchen auf ein mit Oblaten belegtes Blech und bäckt sie in nicht zu heißem Rohr.

107. Mandellaibchen auf dritte Art.

Zutaten: 150 Gramm Mandeln, 150 Gramm Zucker, drei Eiweiß.

150 Gramm abgezogene Mandeln, unter welchen auch einige bittere sein dürfen, werden fein gerieben. Dann stellt man eine Schüssel in einen Tiegel mit kochendem Wasser, gibt 150 Gramm gestoßenen Zucker und drei Eiweiß hinein und rührt dies dick. Nun mengt man die Mandeln darunter, formt aus der Masse kleine Knödel und legt sie auf Oblaten. Um erstere leichter formen zu können, taucht man die Hand in frisches Wasser, drückt die Knödel etwas glatt, bestreut sie mit gestoßenem Zucker und bäckt sie langsam eine halbe Stunde. Alsdann hebt man sie mit dem Blechschäufelchen samt den Oblaten vom Blech und schneidet die Oblaten am Rand der Mandellaibchen ab.

108. Nussmakronen.

Zutaten: ¼ Pfund (125 Gramm) Nusskerne, ¼ Pfund (125 Gramm) Zucker, drei Eiklar.

¼ Pfund (125 Gramm) schöne Welschnusskerne werden auf einem Kuchenblech im Rohr etwas geröstet, enthäutet und fein gerieben, dann, ¼ Pfund (125 Gramm) Zucker mit zwei bis drei Eiklar schaumig gerührt, die geriebenen Nüsse dazugemengt, auf Oblaten kleine Knödelchen geformt und wie die vorstehenden gebacken.

109. Haselnussmakronen.

Zutaten: ¼ Pfund (125 Gramm) Haselnüsse, ¼ Pfund (125 Gramm) Zucker, drei Eiklar.

¼ Pfund (125 Gramm) Haselnusskerne werden wie die vorigen auf einem Kuchenblech etwas geröstet, enthäutet, fein gerieben und im übrigen wie die vorigen behandelt.

110. Kokosnussmakronen.

Zutaten: je ¼ Pfund (125 Gramm) Kokosnüsse und Zucker, drei Eiklar.

Werden gerieben oder gewiegt, etwas getrocknet und dann behandelt wie die vorigen.

111. Welschnussbögen.

Zutaten: Siehe Mandelbögen.

Nach Bedarf werden die Nüsse im Rohr etwas geröstet, enthäutet, fein gerieben und dann behandelt wie die Mandelbögen.

112. Gewöhnliches Biskuit.

Zutaten: ¼ Pfund (125 Gramm) Zucker, vier Eigelb, ¼ Pfund (125 Gramm) Mehl, Eischnee.

¼ Pfund (125 Gramm) Zucker wird mit dem Gelben von vier Eiern schaumig gerührt. Der fest geschlagene Eischnee von den vier Eiern mit ¼ Pfund (125 Gramm) feinem Mehl daruntergezogen, die Masse in einen Trichter gefüllt, auf Papier Biskuits dressiert, diese mit Zucker besät und langsam im Rohr gebacken.

113. Hartes Biskuit.

Zutaten: ½ Pfund (250 Gramm) Zucker, vier Eigelb, ein Ei, ½ Pfund (250 Gramm) Mehl, Zuckersirup.

½ Pfund (250 Gramm) Zucker wird mit vier Eigelb und einem ganzen Ei schaumig gerührt, ein Esslöffel voll kalter Zuckersirup und zuletzt der festgeschlagene Schnee von vier Eiern und ½ Pfund (250 Gramm) feines Mehl daruntergezogen, die Biskuits wie vorstehend auf Papier dressiert, mit feinem Zucker besät und gebacken.

114. Schokoladenbiskuit.

Zutaten: ¼ Pfund (125 Gramm) Zucker, drei Täfelchen Schokolade, sechs Eidotter, ¼ Pfund (125 Gramm) Mehl, Eischnee.

¼ Pfund (125 Gramm) fein gestoßener Zucker, drei Täfelchen geriebene Schokolade und sechs Eidotter werden schaumig gerührt. Der festgeschlagene Schnee von den sechs Eiern und ¼ Pfund (125 Gramm) feines Mehl wird daruntergezogen, die Masse in eine mit Butter beschmierte Blechform (Biskuitform) gefüllt und im Rohr nicht zu heiß gebacken.

115. Schmalzbiskuit.

Zutaten: ¼ Pfund (125 Gramm) Butter, drei Eier, ¼ Pfund (125 Gramm) Mehl.

¼ Pfund (125 Gramm) Butter wird schaumig gerührt, nach und nach drei ganze Eier und ¼ Pfund (125 Gramm) feines Mehl daruntergezogen, dann Papierkapseln mit Butter bestrichen, zur Hälfte mit der Biskuitmasse gefüllt und in ziemlich heißem Rohr gebacken.

116. Anislaibchen.

Zutaten: ¼ Pfund (125 Gramm) Zucker, zwei Eiklar, 68 Gramm Mehl, Anis, Oblaten.

¼ Pfund (125 Gramm) Zucker wird mit zwei Eiklar schaumig gerührt und dann 68 Gramm feines Mehl und ein Kaffeelöffel voll süßer Anis hineingemengt. Von Oblaten werden talergroße Scheiben geschnitten, mit der abgerührten Masse messerrückendick überstrichen und langsam im Rohr gebacken.

117. Anislaibchen auf andere Art.

Zutaten: ¼ Pfund (125 Gramm) Zucker, zwei Eier, süßer Anis, ¼ Pfund (125 Gramm) Mehl.

¼ Pfund (125 Gramm) Zucker wird in einer Schüssel mit zwei ganzen Eiern eine halbe Stunde schaumig gerührt, ein Esslöffel voll süßer Anis und ¼ Pfund (125 Gramm) feines Mehl daruntergemengt, dann ein Blech mit Mehl besät, von der Masse mit einem Esslöffel kleine runde Häufchen daraufgesetzt und in nicht gar zu heißem Rohr gebacken.

118. Anislaibchen auf dritte Art.

Zutaten: ½ Pfund (250 Gramm) Zucker, vier Eier, süßer Anis,
½ Pfund (250 Gramm) Mehl.

½ Pfund (250 Gramm) fein gestoßener Zucker wird mit vier ganzen Eiern eine halbe Stunde recht schaumig gerührt, ein Esslöffel voll süßer Anis und ½ Pfund (250 Gramm) feines Mehl daruntergemengt, von der Masse auf ein mit Wachs bestrichenes Blech kleine Häufchen gesetzt und einige Stunden stehen gelassen. Sie werden bei mäßiger Hitze gebacken.

119. Anisschnitten.

Zutaten: ½ Pfund (250 Gramm) Zucker, vier Eier, 8 Gramm Pottasche,
1 Pfund (500 Gramm) Mehl, ⅕ Pfund (100 Gramm) Mandeln,
⅕ Pfund (100 Gramm) Orangeat, zwei Esslöffel süßer Anis.

½ Pfund (250 Gramm) Zucker wird mit vier ganzen Eiern eine halbe Stunde schaumig gerührt, 8 Gramm in Kirschwasser aufgelöste Pottasche, 1 Pfund (500 Gramm) feines Mehl, ⅕ Pfund (100 Gramm) mit der Schale fein gewiegte Mandeln, zwei Esslöffel voll süßer Anis und ⅕ Pfund (100 Gramm) Orangeat gut daruntergemengt und hiervon zwei Finger breite Streifen gemacht, diese auf ein Blech gesetzt, mit Ei bestrichen und im Rohr schön gelb gebacken.

120. Vanillekränzchen.

Zutaten: ½ Pfund (250 Gramm) Mehl, ⅕ Pfund (100 Gramm) Butter, drei Esslöffel Vanillezucker, zwei ganze Eier, zwei Dotter, Salz.

Auf ein Nudelbrett gibt man ½ Pfund (250 Gramm) feines Mehl, ⅕ Pfund (100 Gramm) Butter, drei Esslöffel gestoßenen Vanillezucker, eine Messerspitze Salz, zwei ganze Eier, zwei Dotter, macht daraus einen festen Teig, rollt ihn messerrückendick aus, sticht mit einem Weinglas runde Böden aus und aus diesen mit einem kleineren Ausstecher wieder kleinere Böden aus, so dass ein kleiner Ring bleibt. Der übrige Teig wird wieder zusammengeknetet, ausgerollt und damit ebenso verfahren, bis aller Teig verbraucht ist. Die Ringe gibt man auf ein mit Mehl bestäubtes Blech, bestreicht sie mit Eigelb, bäckt sie im Rohr lichtgelb. Sie lassen sich lange aufheben und sind am Christbaum sehr nett.

121. Vanillespäne.

Zutaten: ¼ Pfund (125 Gramm) Mandeln, ½ Pfund (250 Gramm) Vanillezucker, zwei Eiklar, ein Esslöffel Orangenessenz.

125 Gramm abgezogene Mandeln werden fein gerieben, mit 250 Gramm Zucker, zwei Eiklar und einem Esslöffel Orangenessenz zu einer dünnflüssigen Masse verrührt. Ein Blech mit Wachs bestrichen, die Masse messerrückendick darauf gestrichen und im Rohr hellgelb gebacken, dann in fingerlange Streifen geschnitten, jeder Streifen mit einem Messer vom Blech gelöst, über einen Kochlöffel gewickelt, und wenn er steif ist, davon abgezogen. Diese Arbeit muss schnell gehen, weil die Streifen sonst spröde werden und zerbrechen.

122. Vanillebussserln.

Zutaten: Schnee von vier Eiern, ½ Pfund (250 Gramm) Vanillezucker.

Das Weiße von vier Eiern wird zu steifem Schnee geschlagen, ½ Pfund (250 Gramm) fein gestoßener Vanillezucker langsam daruntergezogen. Die Masse wird nun in eine Spritze gefüllt. Hiervon werden auf ein mit Wachs bestrichenes und abgewischtes Blech kleine Häufelchen gespritzt und die in einem mäßig warmen Rohr gebacken und gleich vom Blech abgenommen. Sie werden an einem trockenen Ort bis zum Gebrauch aufbewahrt.

123. Pomeranzenschnitten.

Zutaten: ½ Pfund (250 Gramm) Zucker, zwei Eier, zwei Dotter, 25 Gramm Zitronat, 25 Gramm Orangeat, ½ Pfund (250 Gramm) Mehl, Zitrone.

½ Pfund (250 Gramm) Zucker wird mit zwei ganzen Eiern und zwei Dottern eine halbe Stunde gerührt, dann 35 Gramm Zitronat, ebenso viel Orangeat, die gelbe Schale einer Zitrone und ½ Pfund (250 Gramm) Mehl gut abgearbeitet und daraus fingerlange Nudeln geformt, diese etwas breit gedrückt, mit einem Messer in jede der Länge nach ein Einschnitt gemacht und eine Viertelstunde ruhen gelassen, dann mit Eigelb bestrichen, auf ein Blech gesetzt und langsam im Rohr gelb gebacken.

124. Mandelkrapfen.

Zutaten: ¼ Pfund (125 Gramm) Schmalz, ¼ Pfund (125 Gramm) Butter, ¼ Pfund (125 Gramm) Zucker, eine halbe Zitrone, drei Eidotter, ein Ei, 350 Gramm Mehl, ⅕ Pfund (100 Gramm) Mandeln.

¼ Pfund (125 Gramm) Schmalz und ebenso viel Butter werden schaumig gerührt, ¼ Pfund (125 Gramm) Zucker, von einer halben Zitrone die fein gewiegte Schale, drei Eidotter und ein ganzes Ei dazugegeben, dies wieder schaumig gerührt und 350 Gramm feines Mehl, ⅕ Pfund (100 Gramm) gewiegte Mandeln daruntergemischt. Aus dieser Masse werden kleine Knödelchen geformt und auf ein mit Oblaten belegtes Blech gesetzt, in die Mitte eines jeden Häufchens eine kleine Vertiefung gemacht, diese mit Eingesottenem gefüllt, ganz mit Eigelb bestrichen, mit fein gewiegten Mandeln besät und in nicht gar zu heißem Rohr schön gelb gebacken. Diese Mandelkrapfen werden desto besser, je älter sie sind, und zu Wein und Punsch serviert, auch als Christbaumschmuck verwendet.

125. Pomeranzenbrötchen.

Zutaten: ½ Pfund (250 Gramm) Zucker, drei Eier, ⅕ Pfund (100 Gramm) Orangeat, ½ Pfund (250 Gramm) Mehl.

½ Pfund (250 Gramm) gestoßener Zucker wird mit drei ganzen Eiern eine halbe Stunde schaumig gerührt, dann ⅕ Pfund (100 Gramm) fein geschnittene Orangenschalen und ½ Pfund (250 Gramm) feines Mehl dazugegeben, gut miteinander vermengt, ein Blech mit Schmalz bestrichen, kleine Häufchen von der Masse daraufgelegt, diese aber vor dem Backen erst an der Sonne oder auf dem Ofen getrocknet und dann im Rohr gebacken. Für den Weihnachtsbaum bestimmt.

126. Spanische Krapfen.

Zutaten: ⅕ Pfund (100 Gramm) Butter, ⅕ Pfund (100 Gramm) Zucker, vier harte Eidotter, ¼ Pfund (125 Gramm) Mehl, der Schnee von vier Eiklar, Zitrone.

⅕ Pfund (100 Gramm) Butter wird mit ⅕ Pfund (100 Gramm) Zucker, zwei rohen und vier hart gekochten Eidottern schaumig gerührt, nach und nach ¼ Pfund (125 Gramm) feines Mehl und die fein gewiegte Schale einer Zitrone sowie der fest geschlagene Schnee von zwei Eiklar leicht daruntergezogen, dann ein Blech mit Wachs bestrichen, wieder gut abgewischt, kleine Häufchen von der Masse daraufgesetzt, diese mit Eigelb bestrichen, mit Zucker bestreut und rasch im Rohr gebacken.

127. Hagebuttenlaibchen.

Zutaten: ¼ Pfund (125 Gramm) Zucker, von einem Ei der Schnee,
¼ Pfund (125 Gramm) Mandeln, Hagebuttenmarmelade.

¼ Pfund (125 Gramm) fein gestoßener Zucker wird mit dem Schnee von einem großen Ei recht schaumig gerührt. ¼ Pfund (125 Gramm) gebrühte, abgezogene und fein gewiegte Mandeln dazugegeben und alles mit zwei Esslöffeln voll dicker Hagebuttenmarmelade gut vermengt, von dieser Masse kleine Weckchen oder Laibchen auf Oblaten geformt, auf ein Blech gesetzt und in nicht gar zu heißem Rohr gebacken.

128. Berchtesgadener Busserln.

Zutaten: ⅕ Pfund (100 Gramm) Zucker, ein Ei und ein Dotter,
⅕ Pfund (100 Gramm) Mehl, Zimt.

⅕ Pfund (100 Gramm) Zucker wird mit einem ganzen Ei und einem Dotter, einer Messerspitze Zimt und Nelken gut abgerührt. ⅕ Pfund (100 Gramm) feines Mehl dazugemengt, auf ein mit Butter beschmiertes Blech gesetzt und in nicht gar zu heißem Rohr gebacken.

129. Haselnussschlangen.

Zutaten: 85 Gramm Nüsse, 85 Gramm Zucker, 85 Gramm Butter, 110 Gramm Mehl.

85 Gramm Haselnüsse reibe man mit 85 Gramm Zucker recht fein und lasse sie durch ein nicht zu feines Sieb laufen. Was zurück bleibt reibt man wieder. Alsdann gibt man 85 Gramm feste Butter, 110 Gramm Mehl auf ein Nudelbrett, wirkt alles zusammen durcheinander ab, dreht kleine Schlangen daraus und bäckt diese rasch im Rohr. Sie werden mit Vanilleglasur bestrichen und getrocknet.

130. Himbeerbälle.

Zutaten: ⅕ Pfund (100 Gramm) Zucker, sieben Eidotter, ⅕ Pfund (100 Gramm) Mehl, sechs Eiweiß.

Man rührt ⅕ Pfund (100 Gramm) gesiebten Zucker mit sieben Eidottern recht schaumig, zieht leicht den Schnee von den sechs Eiweiß und ⅕ Pfund (100 Gramm) feines Mehl darunter, setzt runde Kuchen auf Papier auf das Backblech und lässt sie bei mäßiger Hitze backen, übergießt sie nun zuerst auf der einen Seite, dann auf der anderen Seite mit Himbeerglasur, zu der man Himbeersaft mit gesiebtem Zucker zu dickem Schaum verrührt und auf gelindem Feuer schmelzen aber nicht kochen lässt.

131. Hufeisen.

Zutaten: 1 Pfund (500 Gramm) Mehl, ¼ Pfund (125 Gramm) Butter, um 5 Pfennig Hefe, ¼ Liter süßer Rahm, drei Eier, zwei Dotter, etwas Zucker, Zitrone.

1 Pfund (500 Gramm) Mehl, ¼ Pfund (125 Gramm) Butter, um 5 Pfennig Hefe, ¼ Liter süßer Rahm, etwas Zitronenschale, drei Eier, zwei Dotter, etwas Salz und etwas Zucker werden zu einem feinen Teig abgeschlagen, dann auf ein Nudelbrett gegeben, zentimeterdick ausgerollt, in handlange und halb handbreite Stücke geschnitten, der Länge nach mit Konfitüren, welche aber fest sein müssen, belegt, damit nichts ausfließen kann, und in den Teig eingerollt, in Form von Hufeisen gebogen, auf ein Backblech gegeben und zum Aufgehen gestellt, dann mit halb geschlagenem Eiweiß bestrichen, mit Grobzucker und abgezogenen Mandeln bestreut und schön gelb gebacken. Unter dem Namen Porte-bonheurs sehr beliebt.

132. Hobelspäne.

Zutaten: drei eischwer Zucker, Schnee von drei Eiern, ein Eigelb, Mehl.

Drei eischwer Zucker rührt man mit drei Eiweiß zu Schaum, gibt ein Eigelb, etwas abgeriebene Zitronenschale und so viel Mehl dazu, dass es ein Teig wird, den man ausrollen kann, schneidet ihn in Streifen, legt ihn auf ein Blech und bäckt ihn schnell, rollt ihn dann noch warm über einen Kochlöffelstiel und bestreut ihn mit Zucker.

133. Verschiedenes Gebäck aus Eischnee.

Zutaten: vier Eiweiß, ¼ Pfund (125 Gramm) Nüsse, zwei Eigelb, Semmelbrösel, ¼ Pfund (125 Gramm) Zucker, Zitronenschale.

Vier Eiweiß werden zu Schnee geschlagen und mit ¼ Pfund (125 Gramm) geriebenen Nüssen oder auch Mandeln, zwei Eigelb und den nötigen Semmelbröseln, etwas Zitronenschale, ¼ Pfund (125 Gramm) Zucker gemischt, daraus Plätzchen geformt und schnell auf einem mit Wachs bestrichenen Blech im Rohr gebacken. Man kann auch etwas Kakao darunter geben, wodurch das Gebäck einen anderen Geschmack bekommt.

134. Teegebäck (Spekulatius).

Zutaten: 200 Gramm Butter, 200 Gramm Zucker, 400 Gramm Mehl, zwei Eigelb, 20 Gramm Backpulver.

200 Gramm Butter vermischt man mit 200 Gramm Zucker, etwas Salz, gibt langsam 400 Gramm Mehl, zwei Eigelb dazu, mischt noch 20 Gramm Backpulver darunter, rollt den Teig schwach aus und sticht davon verschiedene Figuren, die mit Ei bestrichen und mit Mandeln bestreut werden. Das Gebäck wird langsam hellbraun gebacken.

135. Cakes.

Zutaten: 1 Pfund (500 Gramm) Mehl, ⅕ Pfund (100 Gramm) Butter, vier Eier, vier Esslöffel Zucker, 50 Gramm Hirschhornsalz.

1 Pfund (500 Gramm) Mehl verarbeitet man mit ⅕ Pfund (100 Gramm) Butter, vier Eiern, vier Esslöffeln voll Zucker und etwas Salz zu einem derben Teig, gibt dann noch 50 Gramm in etwas lauem Wasser aufgelöstes Hirschhornsalz dazu, rollt den Teig schwach aus, sticht Plätzchen ab, die man mit einer Nadel öfters durchsticht und dann auf einem Blech hellgelb bäckt.

136. Fastenbrezeln.

Zutaten: ½ Pfund (250 Gramm) Mehl, 130 Gramm Butter, drei Eigelb, Salz, 25 Gramm Hefe.

½ Pfund (250 Gramm) Mehl vermischt man mit 130 Gramm frischer Butter, gibt drei Eigelb, welche in etwas lauwarmem Wasser klar gequirlt wurden, etwas Salz und 25 Gramm aufgelöste Hefe dazu, macht davon einen schönen Teig, lässt ihn zugedeckt an einem warmen Ort aufgehen, legt ihn auf ein mit Mehl bestäubtes Backbrett, schneidet daraus schmale Streifen, die man zu Brezeln formt und noch einmal aufgehen lässt. Nun legt man sie in eine Pfanne mit kochendem Wasser, lässt sie abtropfen und bäckt sie auf einem Kuchenblech hellbraun. Die Brezeln werden mit Kümmel oder Mohn bestreut, bevor sie zum Backen kommen.

137. Fruchttaschen.

Zutaten: ⅕ Pfund (100 Gramm) Butter, 150 Gramm Topfen,
⅕ Pfund (100 Gramm) Mehl, ein Ei.

⅕ Pfund (100 Gramm) Butter lässt man zergehen und verrührt darin 150 Gramm Quark (Topfenkäse), ⅕ Pfund (100 Gramm) Mehl und ein klein wenig Milch; macht einen glatten Teig davon, rollt ihn schwach aus und bestreicht ihn mit geschlagenem Ei, sodann schneidet man ihn in 6 Zentimeter große Vierecke, bestreicht sie mit Marmelade, schlägt die vier Ecken zusammen und drückt sie mit einer Rosine fest; mit Ei bestrichen bäckt man sie auf einem mit Butter bestrichenen Blech im Rohr schön gelb.

138. Ausstech- und Dauerkuchen.

Zutaten: 1 Pfund (500 Gramm) Zucker, 1 Pfund (500 Gramm) Mehl,
1 Pfund (500 Gramm) Kartoffelmehl, ½ Pfund (250 Gramm) Mandeln,
¾ Pfund (375 Gramm) Butter, drei Eigelb, zwei ganze Eier, Zimt.

1 Pfund (500 Gramm) Zucker, 1 Pfund (500 Gramm) Mehl, 1 Pfund (500 Gramm) Kartoffelmehl, ½ Pfund (250 Gramm) geriebene Mandeln, ¾ Pfund (375 Gramm) Butter, drei Eigelb, zwei ganze Eier, ein Teelöffel voll gestoßener Zimt wird schnell zu einem Teig abgeknetet und eine halbe Stunde an einem kalten Ort ruhen gelassen, dann messerrückendick ausgerollt, zu kleinen Kuchen ausgestochen, mit Ei bestrichen, gehackte Mandeln und Zucker darüber gestreut und bei mäßiger Hitze gebacken. Auch kann man für 5 Pfennig Hirschhornsalz kurz vor dem Backen unter den Teig mischen und statt Zimt Vanille nehmen.

139. Kleine Bäckerei von Butterteig.

Zutaten: ½ Pfund (250 Gramm) Butter, ½ Pfund (250 Gramm) Mehl, ¼ Pfund (125 Gramm) Zucker, fünf Eidotter.

½ Pfund (250 Gramm) Butter, ½ Pfund (250 Gramm) Mehl, ¼ Pfund (125 Gramm) Zucker und fünf Eidotter werden zu einem Teig angemacht, daraus Herzchen, Ringel, Brezeln usw. geformt, gebacken und mit Eis- und Streuzucker geziert.

140. Hausfreunde.

Zutaten: Zwei Eier, ¼ Pfund (125 Gramm) Zucker, ¼ Pfund (125 Gramm) Mandeln, ¼ Pfund (125 Gramm) Mehl.

Zwei ganze Eier werden mit ¼ Pfund (125 Gramm) Zucker schaumig gerührt, dann ¼ Pfund (125 Gramm) grob gewiegte Mandeln, ¼ Pfund (125 Gramm) feines Mehl daruntergemengt, ein Blech mit Wachs bestrichen, die Masse messerrückendick aufgetragen, hellgelb gebacken, und so lange sie noch warm ist, in viereckige Stücke geschnitten.

141. Linzer Brezeln.

Zutaten: ¾ Pfund (375 Gramm) Mehl, ½ Pfund (250 Gramm) Butter, ½ Pfund (250 Gramm) Zucker, zwei abgeriebene Zitronen, zwei Eier und zwei Eidotter.

¾ Pfund (375 Gramm) Mehl, ½ Pfund (250 Gramm) Butter, ½ Pfund (250 Gramm) Zucker, zwei abgeriebene Zitronenschalen, zwei Eier und zwei Eidotter werden auf dem Nudelbrett zu einem Teig abgearbeitet, daraus kleine Brezeln geformt, mit Eigelb bestrichen, mit Zucker bestäubt und goldgelb gebacken. Man kann sie mit Punschglasur bestreichen und trocknen lassen.

142. Springeln.

Zutaten: vier Eier, 1 Pfund (500 Gramm) Zucker, Zitrone, 1 Pfund (500 Gramm) Mehl, süßer Anis.

Vier ganze Eier werden mit 1 Pfund (500 Gramm) Zucker, der abgeriebenen Schale einer Zitrone schaumig gerührt und mit 1 Pfund (500 Gramm) Mehl und 20 Gramm süßem Anis zu einem festen Teig verarbeitet. Dieser wird ausgerollt, in viereckige Blättchen geschnitten, in die Formen gedrückt und zwölf Stunden auf einem ausgebreiteten Tuch getrocknet, dann bei mäßiger Hitze gebacken.

143. Anisbrot.

Zutaten: ½ Pfund (250 Gramm) Zitronenzucker, sechs Eidotter, ½ Pfund (250 Gramm) Mehl, der Schnee von sechs Eiern.

½ Pfund (250 Gramm) fein gestoßener Zitronenzucker wird mit sechs Eidottern eine halbe Stunde schaumig gerührt, ½ Pfund (250 Gramm) feines Mehl mit dem fest geschlagenen Schnee von den sechs Eiern daruntergemengt und ein Esslöffel voll süßer Anis dazugegeben, dann eine längliche Blechform gut ausgestrichen, mit Mehl besät, die Masse hineingegeben und drei Viertelstunden im Rohr langsam gebacken. Das Brot wird nun herausgestürzt, wenn ausgekühlt, in messerrückendicke Scheiben geschnitten, auf ein Blech gelegt und im Rohr schön gelb geröstet.

144. Vanillebrot.

Zutaten: ¼ Pfund (125 Gramm) Vanillezucker, drei Eier, ½ Pfund (250 Gramm) Mehl.

¼ Pfund (125 Gramm) fein gestoßener Vanillezucker wird mit drei Eiern schaumig gerührt, ¼ Pfund (125 Gramm) feines Mehl daruntergemengt, eine längliche Blechform gut ausgeschmiert, mit Mehl bestäubt, die Masse hineingefüllt und drei Viertelstunden langsam gebacken. Wenn das Brot aus dem Rohr kommt, muss es gleich in Scheiben geschnitten und auf beiden Seiten schön gelb geröstet werden.

145. Bettelbrot.

Zutaten: ¼ Pfund (125 Gramm) Zucker, ¼ Pfund (125 Gramm) Mandeln, zwei Täfelchen Schokolade, drei Eier.

¼ Pfund (125 Gramm) Zucker, ¼ Pfund (125 Gramm) rohe fein gewiegte Mandeln werden in eine Schüssel gegeben, mit drei ganzen Eiern schaumig gerührt und ein Kaffeelöffel voll Zimt und zwei Täfelchen geriebene Schokolade dazugemengt. Dann eine lange Blechform gut ausgestrichen, mit Bröseln besät, die Masse hineingefüllt und drei Viertelstunden im Rohr langsam gebacken. Das ausgekühlte Brot wird in Scheiben geschnitten, mit einer weißen Glasur (siehe bei den Glasuren) überzogen und im Rohr getrocknet.

146. Butterbrot.

Zutaten: vier Eier, zwei Eidotter, 150 Gramm Zucker, 150 Gramm Mandeln, Schokolade, Zitrone.

Vier ganze Eier, zwei Eidotter, werden mit 150 Gramm Zucker eine halbe Stunde schaumig gerührt, dann 150 Gramm geschälte, fein gewiegte Mandeln, von einer halben Zitrone die fein gewiegte Schale und ein Täfelchen geriebene Schokolade daruntergerührt, ein Reifblech mit Butter ausgestrichen, mit Bröseln besät, der Teig hineingefüllt und langsam gebacken. Man schneidet daraus dünne Schnitten, glasiert sie mit gelber Glasur und lässt sie trocknen.

147. Englisches Brot.

Zutaten: vier Eier, ¼ Pfund (125 Gramm) Zucker, ¼ Pfund (125 Gramm) Mehl.

Man rührt vier Eier mit ¼ Pfund (125 Gramm) Zucker schaumig, gibt ¼ Pfund (125 Gramm) feines Mehl dazu, bestreicht eine Form mit Butter und bäckt dies bei mäßiger Hitze, schneidet es heiß in Scheiben, glasiert es weiß, bestreut es mit farbigem Streuzucker und trocknet es im Rohr.

148. Falsches Mandelbrot.

Zutaten: ¼ Pfund (125 Gramm) Mehl, ¼ Pfund (125 Gramm) Butter, ¼ Pfund (125 Gramm) Zitronenzucker, Weißwein.

Man macht auf dem Nudelbrett von ¼ Pfund (125 Gramm) Mehl, ¼ Pfund (125 Gramm) Butter, ¼ Pfund (125 Gramm) Zitronenzucker und einigen Esslöffeln voll Weißwein einen zarten Teig, rollt ihn messerrückendick aus, schneidet längliche Stückchen daraus, bestreicht sie mit Eidotter, bestreut sie mit fein gewiegten Mandeln und bäckt sie auf einem mit Mehl bestäubten Blech in nicht zu heißem Rohr.

149. Bayerisches Schokoladenbrot.

Zutaten: drei Eier, 150 Gramm Zucker, 150 Gramm Mandeln, zwei Täfelchen Schokolade, Zimt, Zitrone.

Drei ganze Eier werden mit 150 Gramm Zucker und 150 Gramm geschälten und fein gewiegten Mandeln schaumig gerührt, ein Kaffeelöffel voll gestoßener Zimt, zwei Täfelchen geriebene Schokolade, von einer halben Zitrone die Schale daruntergemengt. Dann ein Blech mit Wachs bestrichen, die Masse fingerdick darauf gegeben und in nicht zu heißem Rohr gebacken. Wenn ausgekühlt, schneidet man daraus dünne Scheiben, überzieht sie mit Glasur und lässt sie im Rohr trocknen.

150. Zuckerbrot.

Zutaten: sechs Eidotter, ½ Pfund (250 Gramm) Zucker, ½ Pfund (250 Gramm) Mehl, Rosenwasser, Eischnee.

Man rührt sechs Eidotter mit ½ Pfund (250 Gramm) gestoßenem Zucker schaumig, gibt ein Gläschen Rosenwasser dazu, mengt zuletzt den Eischnee und ½ Pfund (250 Gramm) feines Mehl darunter, bedeckt ein Blech mit Schreibpapier, bestreut dies mit Mehl, formt das Brot darauf und bäckt es schön gelb. Auch dieses kann man in Scheiben schneiden und glasieren.

151. Kaiserbrot.

Zutaten: ½ Pfund (250 Gramm) Zitronenzucker, vier Eier, 35 Gramm Mandeln, 150 Gramm Mehl.

Man rührt ½ Pfund (250 Gramm) gestoßenen Zitronenzucker mit vier ganzen Eiern, 35 Gramm abgezogenen fein gewiegten Mandeln eine halbe Stunde lang schaumig, zieht dann 150 Gramm feines Mehl leicht darunter, streicht eine längliche Form mit Butter aus, brößelt sie aus, füllt die Masse hinein und bäckt sie bei mäßiger Hitze.

152. Bischofsbrot.

Zutaten: vier eischwer Zucker, vier Eier, ⅕ Pfund (100 Gramm) Weinbeeren, ⅕ Pfund (100 Gramm) Rosinen, je 34 Gramm Mandeln, Zitronat, Orangeat.

Vier eischwer Zucker wird mit vier Eiern schaumig gerührt, alsdann ⅕ Pfund (100 Gramm) Weinbeeren, ⅕ Pfund (100 Gramm) Rosinen, 34 Gramm Mandeln, 34 Gramm Zitronat und ebenso viel Orangeat (fein geschnitten) daruntergemengt, eine längliche Form mit Butter ausgestrichen, die Masse hineingefüllt und bei mäßiger Hitze drei Viertelstunden gebacken; wenn erkaltet, in fingerdicke Scheiben geschnitten, nach Belieben mit einer Punschglasur überstrichen und leicht getrocknet.

153. Fürstenbrot.

Zutaten: fünf eischwer Zucker, fünf Eier, ¼ Pfund (125 Gramm) Mandeln, fünf eischwer Mehl.

Fünf eischwer Zucker wird mit fünf Eiern und der abgeriebenen Schale einer Zitrone schaumig gerührt, ¼ Pfund (125 Gramm) abgezogene und fein gewiegte Mandeln und fünf eischwer feines Mehl daruntergemengt und nun wie die vorige Masse gebacken.

154. Ulmer Brot.

Zutaten: 1 Pfund (500 Gramm) Mehl, zwei Esslöffel Hefe, 150 Gramm Zitronenzucker, je 35 Gramm Zitronat und Orangeat, drei Löffel voll Rosenwasser, drei Esslöffel Butter, Anis.

Man macht von 1 Pfund (500 Gramm) schönem Mehl, zwei Esslöffeln voll Hefe und der nötigen warmen Milch ein Dampfl an, lässt es aufgehen, rührt 150 Gramm auf einer Zitrone abgeriebenen Zucker, 34 Gramm süßen Anis, drei Löffel Rosenwasser, 35 Gramm Zitronat, ebenso viel Orangeat, drei Esslöffel voll zerlassene Butter darunter, arbeitet den Teig bis er fest wird und der Anis anfängt herauszufallen, macht dann ganseiförmige Brote, macht oben der Länge nach einen tiefen Einschnitt und bäckt die Brote auf einem mit Mehl bestäubten Blech in nicht zu heißem Rohr schön weißgelb.

155. Preußischer Zwieback.

Zutaten: 1 Pfund (500 Gramm) Mehl, um 10 Pfennig Hefe, drei Eier, Salz, ¼ Pfund (125 Gramm) Zitronenzucker, ¼ Pfund (125 Gramm) Zitronat, ¼ Pfund (125 Gramm) Orangeat, ¼ Pfund (125 Gramm) Weinbeeren, ¼ Pfund (125 Gramm) Mandeln, Kardamom.

1 Pfund (500 Gramm) Mehl gibt man in eine Schüssel und rührt mit 10 Pfennig Presshefe ein Hefestück an. Ist dies gegangen, gibt man drei ganze Eier, ¼ Pfund (125 Gramm) Zitronenzucker, etwas Salz, ¼ Pfund (125 Gramm) Zitronat, ebenso viel Orangeat, ¼ Pfund (125 Gramm) gewaschene Weinbeeren, einen Esslöffel voll Kardamom, ¼ Pfund (125 Gramm) abgeschälte und fein gewiegte Mandeln zu denselben und macht daraus einen nicht gar zu strengen Teig, der aber gut abgeschlagen werden muss; dann formt man den Teig zu einem Stollen oder gibt ihn in eine Stollenform, bäckt ihn im Rohr schön gelb. Wenn der Zwieback ausgekühlt ist, schneidet man ihn in dünne Scheiben, bestreut diese auf beiden Seiten mit Zucker, legt sie auf ein reines Backblech und lässt sie schön trocknen.

156. Zwieback auf andere Art.

Zutaten: 1 Pfund (500 Gramm) Mehl, um 10 Pfennig Hefe, ¼ Pfund (125 Gramm) Butter, ¼ Pfund (125 Gramm) Zucker, Milch.

Man siebt in eine Schüssel 1 Pfund (500 Gramm) feines Mehl, macht in der Mitte eine Grube, gibt um fünf Pfennige aufgelöste Presshefe hinein und macht mit einer Obertasse voll warmer Milch ein Hefestück an und lässt es zugedeckt gehen. Hierauf wird ¼ Pfund (125 Gramm) Zucker und ¼ Pfund (125 Gramm) Butter dazugegeben und mit warmer Milch ein nicht zu weicher Teig abgeschlagen, daraus eine lange Rolle gemacht, auf ein Blech gelegt, nochmals zum Gehen gestellt, mit Milch bestrichen und schnell gebacken. Nach dem Erkalten schneidet man den Zwieback in Scheiben, legt sie auf ein Blech, röstet sie auf beiden Seiten schön gelb.

157. Jelängerjelieber.

Zutaten: ½ Pfund (250 Gramm) Butter, ¼ Pfund (125 Gramm) Zucker, drei Eidotter, ¾ Pfund (375 Gramm) Mehl.

Man rührt ½ Pfund (250 Gramm) Butter mit ¼ Pfund (125 Gramm) Zucker schaumig ab, gibt drei Eidotter und ¾ Pfund (375 Gramm) Mehl dazu, rührt es kräftig durcheinander und gibt es auf das Backbrett, formt dann kleine Kugeln daraus, macht in der Mitte derselben eine Vertiefung und gibt eine eingemachte Kirsche hinein, drückt sie breit, bestreicht sie mit Wasser, bestreut sie mit Zucker und bäckt sie langsam im Rohr. Ist sehr haltbar.

158. Ansbacher Laibchen.

Zutaten: 75 Gramm Zucker, 150 Gramm Butter, drei Eidotter, ¼ Pfund (125 Gramm) Mehl, ein Ei.

75 Gramm Zucker, 150 Gramm Butter, ¼ Pfund 125 Gramm Mehl und ein Ei werden auf dem Nudelbrett zu einem Teig verarbeitet, gut messerrückendick ausgerollt, davon mit einem Weinglas Plätzchen ausgestochen, auf ein mit Wachs beschmiertes Blech gelegt und hellgelb gebacken. Man kann sie mit Eingesottenem bestreichen und ein anderes Plätzchen darauf legen.

159. Brandteigringe.

Zutaten: 70 Gramm Zucker, 70 Gramm Butter, drei Eier, drei Eidotter, ¼ Liter Milch, 140 Gramm Mehl, Salz.

Man lässt 70 Gramm Zucker, 70 Gramm Butter, eine Prise Salz und ¼ Liter Milch aufkochen, stellt die Pfanne weg und rührt rasch 140 Gramm feines Mehl hinein, bringt es wieder aufs Feuer und rührt den Teig so lang, bis er sich von der Pfanne und vom Kochlöffel löst, worauf man, wenn er halb ausgekühlt ist, nach und nach drei Eier und drei Eidotter dazurührt, den Teig fein abarbeitet und daraus eigroße Häufchen, eins vom anderen drei Finger entfernt, auf ein Backblech setzt, dann ein rundes Hölzchen in ein verklopftes Ei taucht, in die Häufchen drückt und den Teig zu kleinen Ringen auseinander schiebt, diese mit Ei bestreicht, mit geschnittenen Mandeln, gestoßenem Zucker bestreut und langsam im Rohr bäckt. Man kann sie mit Aprikosenmarmelade bestreichen und zusammensetzen.

160. Zitronenbeignets.

Zutaten: Zitronen, 60 Gramm Mandeln, drei Esslöffel voll Mehl,
45 Gramm Butter und Wein, zwei Zitronen.

Man muss dazu echte Zitronen mit ganz dünner Schale und ohne Kern haben, schneidet sie in Scheiben und legt sie auf eine Schüssel, überstreut sie stark mit gesiebtem Zucker und lässt sie eine Stunde stehen. Unterdessen verrührt man für zwei Zitronen 60 Gramm abgezogene, ganz fein geriebene Mandeln mit zwei bis drei Esslöffeln voll feinem Mehl, dem aus den Zitronen geflossenen Saft und einem ganze Ei, lässt 45 Gramm sehr frische Butter mit einem Glas Weißwein heiß werden und verdünnt den Teig damit, so dass er wie ein Pfannkuchenteig wird, kehrt die gut abgetropften Zitronenscheiben darin um, bäckt sie in schwimmendem Schmalz schön gelb, besiebt sie mit Zucker und serviert sie gleich. Sind sehr gut und fein.

161. Kastanienbrötchen.

Zutaten: 560 Gramm Kastanien, 140 Gramm Butter, 140 Gramm Mehl
$\frac{1}{5}$ Pfund (100 Gramm) Zucker, ein Ei.

Man schält 560 Gramm schöne, weich gebratene Kastanien und treibt sie durch ein feines Sieb, gibt hiervon 280 Gramm auf ein Backbrett, mengt es mit 140 Gramm Butter, 140 Gramm Mehl, $\frac{1}{5}$ Pfund (100 Gramm) Zucker, einem Ei und etwas Salz zu einem Teig, aus dem man kleine walnussgroße Brötchen formt, in deren Mitte man einen Einschnitt macht, sie dann auf ein Backblech setzt, mit Ei bestreicht und langsam bäckt. Zum Tee und Punsch ausgezeichnet.

162. Feines Kameruner Gebäck.

Zutaten: ½ Pfund (250 Gramm) Zucker, sechs Eidotter, 180 Gramm Mehl, fünf Eiweiß.

Man rührt ½ Pfund (250 Gramm) Zucker mit sechs Eidottern recht schaumig, gibt den Schnee von 5 Eiweiß und 180 Gramm feinstes Mehl dazu und bäckt daraus runde Plätzchen in Größe eines Weinglases, bestreicht diese nach dem Erkalten mit Schokoladenglasur, legt je zwei aufeinander und füllt eine beliebige Marmelade dazwischen.

163. Buttergebackenes für den Christbaum.

Zutaten: ¼ Pfund (125 Gramm) Butter, ½ Pfund (250 Gramm) Mehl, ¼ Pfund (125 Gramm) Zucker, vier bis fünf Eidotter, Mandeln.

Man macht von ¼ Pfund (125 Gramm) Butter, ½ Pfund (250 Gramm) Mehl, ¼ Pfund (125 Gramm) Zucker, einem Kaffeelöffel voll Zimt, vier bis fünf Eidottern und zwei Esslöffeln voll Arrak oder Rum einen festen Teig, rollt ihn aus und sticht verschiedene Formen aus, bestreicht sie mit Eiern, bestreut sie mit fein gewiegten Mandeln und Zucker und bäckt sie bei mäßiger Hitze.

164. Zitronenplätzchen.

Zutaten: ½ Pfund (250 Gramm) Zucker, zwei Eier, ein Dotter,
½ Pfund (250 Gramm) Mehl, Zitronenzucker.

½ Pfund (250 Gramm) Zucker wird mit zwei ganzen Eiern eine halbe Stunde lang schaumig gerührt, dann ein Esslöffel voll Zitronenzucker und ½ Pfund (250 Gramm) Mehl daruntergegeben, davon auf ein mit Wachs bestrichenes Blech Plätzchen gesetzt, zwei bis drei Stunden getrocknet und dann bei mäßiger Hitze gebacken.

165. Spanisches Christbaumkonfekt.

Zutaten: 70 Gramm Zucker, 52 Gramm Butter, ein Ei, zwei harte Eidotter,
70 Gramm Mehl, Zitrone.

Man rührt 52 Gramm Butter und 70 Gamm Zucker schaumig, gibt ein rohes Ei, zwei hartgesottene und durchpassierte Eidotter, 70 Gramm feines Mehl und die fein gewiegte Schale einer Zitrone darunter, bestreicht dann ein Blech mit Wachs, setzt kleine Häufchen darauf, bestreicht sie mit Eidotter und gestoßenem Zucker und bäckt sie bei mäßiger Hitze.

166. Schaumkonfekt für den Christbaum.

Zutaten: ½ Pfund (250 Gramm) Zucker, vier Eiweiß, ein Löffel Zitronenzucker.

Man macht von ½ Pfund (250 Gramm) Zucker, einem Esslöffel voll Zitronenzucker und dem Schnee von drei bis vier Eiweiß einen festen Teig, dreht ihn messerrückendick aus, sticht daraus Blumen oder Kränze, bestreicht ein Blech mit Wachs und bäckt sie bei schwacher Hitze. Das Konfekt muss weiß bleiben. Um es rot zu machen, gibt man einige Tropfen Cochenille darunter; nimmt man stattdessen etwas geriebene Schokolade dazu, bekommt man Schokoladenkonfekt.

167. Zuckertüten für den Christbaum.

Zutaten: fünf eischwer Zucker, fünf ganze Eier, drei eischwer Mehl, Zitrone.

Man rührt fünf eischwer gestoßenen Zucker mit der abgeriebenen Schale einer Zitrone und fünf ganzen Eiern schaumig, mengt drei eischwer Mehl darunter, bestreicht ein heißes Blech mit Wachs, wischt es mit Papier wieder gut ab, setzt kleine Häufchen von der Masse darauf, welche man nachher so egal ausbreitet, dass die Masse ungefähr in Messerrückendicke verbleibt, bäckt sie eine Viertelstunde bei mäßiger Hitze, schneidet sie vom Blech ab und dreht noch warm kleine Törtchen daraus. Man kann sie mit verschiedenen Zuckerzeltchen füllen und so an den Christbaum hängen.

168. Butterringel.

Zutaten: ½ Pfund (250 Gramm) Butter, fünf Eigelb, ½ Pfund (250 Gramm) Zucker, ¾ Pfund (375 Gramm) Mehl und der Schnee von fünf Eiern.

½ Pfund (250 Gramm) Butter wird mit fünf Eigelb zu Schaum gerührt, alsdann ½ Pfund (250 Gramm) Zucker und ¾ Pfund (375 Gramm) feines Mehl löffelweise daruntergerührt, auch die abgeriebene Schale einer Zitrone dazugegeben und der Schnee von den fünf Eiern leicht unter die Masse gezogen. Man bestreicht dann ein Blech mit Wachs, formt aus der Masse Ringe, setzt diese auf das Blech, bestreicht sie mit Eischaum, worunter man etwas Zucker mischt, und bäckt sie bei mäßiger Hitze.

169. Vanillenüsschen.

Zutaten: ½ Pfund (250 Gramm) Zucker, zwei Eiweiß, Zitrone, Vanille.

½ Pfund (250 Gramm) fein gestoßener Zucker wird mit zwei Eiweiß, dem Saft einer Zitrone und etwas fein gestoßener Vanille schaumig gerührt, dann die Masse in eine Tüte gefüllt, ein Blech mit Wachs bestrichen, kleine Häuflein darauf gedrückt und bei sehr mäßiger Hitze gebacken. Sie sollen mehr getrocknet als gebacken werden, weil sie weiß bleiben müssen.

170. Reichenhaller Kuchen.

Zutaten: zwei Esslöffel Schmalz, zwei Eier, zwei Esslöffel voll Mehl, ⅕ Pfund (100 Gramm) Mandeln, Zitrone.

Zwei Esslöffel voll Schmalz werden abgerührt, dann mit zwei ganzen Eiern, zwei Esslöffeln voll Mehl und der Schale einer Zitrone gut vermengt, ein Blech mit Wachs bestrichen, gut abgewischt, die Masse daraufgegeben, mit rohen, fein gewiegten Mandeln reichlich bestreut und rasch und mit Aufmerksamkeit im heißen Rohr gebacken, weil sich der Kuchen leicht anbrennt. Der warme Kuchen wird in beliebige Stücke geschnitten und zu Punsch oder Wein gegeben. Ausgezeichnet gut und haltbar.

171. Krachkuchen.

Zutaten: ¼ Pfund (125 Gramm) Butter, ¼ Pfund (125 Gramm) Mehl, ¼ Pfund (125 Gramm) Zitronenzucker, ein Ei, ein Dotter, Mandeln.

¼ Pfund (125 Gramm) Butter, ¼ Pfund (125 Gramm) Mehl, ¼ Pfund (125 Gramm) fein gestoßener Zitronenzucker gibt man auf ein Nudelbrett, macht die Masse mit einem Ei und einem Dotter rasch zu einem festen Teig an, welchen man gleichmäßig messerrückendick ausrollt und auf ein mit Wachs bestrichenes und wieder abgewischtes Blech legt. Man bestreicht den Kuchen mit Eiweiß, bestreut ihn mit Mandeln und Zucker und bäckt ihn eine halbe Stunde im Rohr. Man schneidet ihn noch warm in zwei Finger breite und ebenso lange Stücke und gibt ihn zu Punsch, Wein oder Tee.

172. Mandelkuchen.

Zutaten: ¼ Pfund (125 Gramm) Schmalz, vier Eier, ¼ Pfund (125 Gramm) Mandeln, ¼ Pfund (125 Gramm) Mehl.

¼ Pfund (125 Gramm) Schmalz wird schaumig gerührt. Nach und nach werden vier ganze Eier, ¼ Pfund (125 Gramm) gebrühte und fein gewiegte Mandeln und ¼ Pfund (125 Gramm) Mehl daruntergemengt, dann ein Kuchenblech mit Wachs bestrichen, die Masse darauf gegeben, auseinander gestrichen und im Rohr schön gelb gebacken. Der fertige ausgekühlte Kuchen wird in Stücke geschnitten und zum Gebrauch aufbewahrt.

173. Teestangen.

Zutaten: 140 Gramm Zucker, vier Eier, 210 Gramm Mehl, eine Messerspitze Ammonium.

140 Gramm Zucker und vier Eier werden warm geschlagen (d. h. die Schüssel auf heißes Wasser gestellt und fest gerührt), wenn es dick genug ist, kommt es von der Wärme weg und wird wieder kalt gerührt, dann 210 Gramm Mehl, eine Messerspitze Ammonium dazugegeben, in Stangen dressiert, mit Hagelzucker bestreut und bei mittlerer Hitze gebacken.

174. Mandelkuchen.

Zutaten: ¼ Pfund (125 Gramm) Zucker, drei Eidotter, zwei ganze Eier, eine Messerspitze Ammonium, ¼ Pfund (125 Gramm) Mehl, Vanille.

¼ Pfund (125 Gramm) Zucker, drei Eidotter und zwei ganze Eier werden warm geschlagen (wie in voriger Nummer), dann eine gute Messerspitze Ammonium, ¼ Pfund (125 Gramm) Mehl, etwas Vanillegeschmack dazugegeben, aus der Masse auf ein Blech Plätzchen geformt, mit Hagelzucker bestreut und gebacken.

175. Pariser Bögen.

Zutaten: ½ Pfund (250 Gramm) Zucker, ½ Pfund (250 Gramm) fein geriebene Mandeln, ¼ Pfund (125 Gramm) Semmelbrösel, ¼ Pfund (125 Gramm) Mehl, acht Eiweiß.

½ Pfund (250 Gramm) Zucker, ½ Pfund (250 Gramm) fein geriebene Mandeln, ¼ Pfund (125 Gramm) feine weiße Semmelbrösel, ¼ Pfund (125 Gramm) Mehl werden mit acht Eiweiß schaumig gerührt, auf Oblaten gestrichen, geschnitten, über Bögen gelegt und leicht gebacken, dann mit weißer Glasur glasiert.

176. Anisküchel.

Zutaten: zwei Eiklar, 140 Gramm Zucker, zwei Löffel Stärkemehl, Anis.

Zwei Eiklar werden zu steifem Schnee geschlagen und 140 Gramm Zucker und Anis so lange damit gerührt, bis die Masse ganz dick ist und der Löffel stecken bleibt. Dann mengt man zwei große gehäufte Kochlöffel voll Stärkemehl darein, setzt von der Masse kleine Häufchen auf Oblaten und bäckt sie.

177. Anisringel.

Zutaten: 140 Gramm Mehl, 70 Gramm Butter, 105 Gramm Zucker, 17 Gramm Anis, ein Ei.

Aus 140 Gramm Mehl, 70 Gramm Butter, 105 Gramm Zucker, 17 Gramm Anis und einem Ei wird ein Teig angemacht und in Ringe geformt, dann gebacken.

178. Anislaibchen.

Zutaten: ½ Pfund (250 Gramm) Zucker, fünf Eier, ein Dotter, 315 Gramm Mehl, Ammonium, Anis.

½ Pfund (250 Gramm) Zucker wird mit fünf Eiern und einem Dotter am Herd warm geschlagen, dann mit einer kleinen Messerspitze Ammonium, einem Esslöffel voll süßen Anis vermengt. 315 Gramm Mehl dazugegeben, mit einem Esslöffel kleine Häufchen auf ein Blech gesetzt, diese einige Stunden getrocknet und bei mittlerer Hitze gebacken.

179. Muskatzinnerl. (Ringe)

Zutaten: ¼ Pfund (125 Gramm) Mandeln, ¾ Pfund (375 Gramm) Zucker, drei Eier, ½ Pfund (250 Gramm) Mehl, Ammonium, Zimt.

¼ Pfund (125 Gramm) Mandeln wird fein gerieben, dann in einer Schüssel mit ¾ Pfund (375 Gramm) Zucker und drei Eiern schaumig gerührt und ½ Pfund (250 Gramm) Mehl, eine Messerspitze Ammonium und etwas gestoßener Zimt dazugemengt, nun aus dieser Masse Ringe ausgestochen, auf ein bestrichenes Blech gesetzt, getrocknet, bis sie etwas hart sind, und nachher bei mittlerer Hitze gebacken und mit Zimtglasur glasiert.

180. Gewürzschnitten.

Zutaten: 250 Gramm Zucker, 420 Gramm Bröseln, 250 Gramm Mehl, 70 Gramm Butter, 70 Gramm Mandeln, vier Eier, Ammonium.

250 Gramm Zucker, 420 Gramm Zuckerbröseln, 250 Gramm Mehl, 70 Gramm Butter, 70 Gramm geriebene Mandeln, ein Kaffeelöffel voll Ammonium, vier Eier und etwas Gewürz werden fein zusammengemacht, messerrückendick ausgerollt, in Streifen geschnitten, mit Ei bestrichen, mit feinen Mandeln bestreut und bei mittlerer Hitze gebacken. Zuckerbrösel sind aus altem Biskuit, Anislaibchen oder Zwieback zu machen.

181. Kardinalplätzchen.

Zutaten: ½ Pfund (250 Gramm) Zucker, fünf Eiweiß, ½ Pfund (250 Gramm) Mandeln, ½ Pfund (250 Gramm) Schokolade.

Man rührt ½ Pfund (250 Gramm) Zucker mit dem Schnee von fünf Eiweiß, mengt ½ Pfund (250 Gramm) geschälte und fein gewiegte Mandeln, die Schale einer Zitrone und ½ Pfund (250 Gramm) geriebene Schokolade dazu, macht kleine Häufchen auf ein geschmiertes Blech und bäckt sie bei guter Hitze.

182. Vanilleschnitten.

Zutaten: zwei Löffel saurer Rahm, ½ Pfund (250 Gramm) Butter, ⅕ Pfund (100 Gramm) Zucker, vier Eigelb, ¾ Pfund (375 Gramm) Mehl.

Von zwei Löffeln voll saurem Rahm, ½ Pfund (250 Gramm) Butter, ⅕ Pfund (100 Gramm) Zucker, vier Eigelb und ¾ Pfund (375 Gramm) Mehl macht man einen Teig, den man messerrückendick ausrollt, in fingerlange und zwei Finger breite Streifen schneidet, auf ein beschmiertes Blech legt und einige Stunden ruhen lässt. ½ Pfund (250 Gramm) Zucker rührt man mit dem Schnee von vier Eiweiß schaumig, gibt dazu ½ Pfund (250 Gramm) abgezogene, fein gewiegte Mandeln und ein Päckchen Vanillezucker, bestreicht mit dieser Masse die Schnitten und bäckt sie schön gelb.

183. Waffeln.

Zutaten: ¼ Pfund (125 Gramm) Butter, drei Eier, vier Dotter, zwei Löffel Hetschebetsch (Hagebuttenmark), vier Löffel Mehl, ½ Liter Rahm oder Wein.

¼ Pfund (125 Gramm) zerlassene Butter wird mit drei ganzen Eiern und vier Dottern abgerührt, dann werden zwei Kochlöffel voll Hetschebetsch (Hagebuttenmark) daruntergearbeitet und vier Kochlöffel voll Mehl, ½ Liter süßer Rahm oder Weißwein und der nötige Zucker dazugemengt, fein abgerührt und dann langsam gebacken.

184. Schokoladenwaffeln.

Zutaten: ¼ Pfund (125 Gramm) Butter, drei Eier, vier Dotter, vier Täfelchen Schokolade, drei Löffel Mehl, drei Löffel Zucker.

Zu ¼ Pfund (125 Gramm) Butter gibt man nach und nach drei ganze Eier, vier Dotter, vier Täfelchen geriebene Schokolade, den nötigen Zucker und drei Esslöffel voll feines Mehl, verrührt diese Masse dann mit ½ Liter Milch und behandelt sie wie die vorigen.

185. Waffeln mit saurem Rahm.

Zutaten: vier Eidotter, ⅕ Pfund (100 Gramm) Zucker, ein Viertelliter saurer Rahm, ½ Pfund (250 Gramm) Mehl, 63 Gramm Butter, Schnee.

Vier Eidotter werden mit ⅕ Pfund (100 Gramm) gestoßenem Zucker schaumig gerührt, nach und nach ein Viertelliter dicker saurer Rahm und ½ Pfund (250 Gramm) feines Mehl, eine Messerspitze Salz und 63 Gramm zerlassene Butter dazugemengt, zuletzt der Schnee von den vier Eiern langsam daruntergezogen und die Waffeln gebacken.

186. Holländer Waffeln.

Zutaten: ¼ Pfund (125 Gramm) Butter, fünf Eier, ¼ Pfund (125 Gramm) Mehl, zwei Esslöffel Vanillezucker, vier Esslöffel Rahm.

¼ Pfund (125 Gramm) Butter wird in einer Schüssel schaumig gerührt, das Gelbe von fünf Eiern, ¼ Pfund (125 Gramm) feines Mehl sowie eine Messerspitze Salz, zwei Esslöffel voll Vanillezucker und vier bis fünf Esslöffel voll süßer Rahm gut damit vermengt, zuletzt der Schnee von den fünf Eiern langsam unter die Masse gezogen und die Waffeln langsam gebacken.

187. Germwaffeln.

Zutaten: ¼ Pfund (125 Gramm) Mehl, zwei Eier, zwei Dotter, Hefe, ¼ Pfund (125 Gramm) Butter, Zucker, ½ Liter Milch, ein halbes Glas Branntwein.

¼ Pfund (125 Gramm) feines Mehl wird mit zwei ganzen Eiern und zwei Dottern, zwei Esslöffeln voll Hefe, ¼ Pfund (125 Gramm) zerlassene Butter, zwei Esslöffel voll Zitronenzucker, ½ Liter Milch und einem halben Gläschen Branntwein zu einer dickflüssigen feinen Masse verrührt und zum Gehen warm gestellt. Die weitere Behandlung ist wie bei den vorigen.

188. Wiener Hippen.

Zutaten: ¼ Pfund (125 Gramm) Zucker, ¼ Pfund (125 Gramm) Mehl, 17 Gramm Zimt, vier Eiweiß.

Man gibt in eine Schüssel ¼ Pfund (125 Gramm) fein gesiebten Zucker und ebenso viel feines Mehl, 17 Gramm Zimt, schlägt nach und nach vier Eiweiß dazu und rührt die Masse recht fein, und zwar so lange, bis der Teig vom Kochlöffel abläuft, bestreicht dann ein reines Backblech mit Wachs oder Butter, legt mit einem Esslöffel von dem Teig Stückchen darauf, jedoch so, dass kein Stück das andere berührt, und bäckt sie schön goldgelb. Sie werden noch warm vom Blech genommen und rund gebogen.

189. Schokoladehippen.

Zutaten: ½ Pfund (250 Gramm) Mandeln, ¼ Pfund (125 Gramm) Zucker, vier Täfelchen Schokolade, vier Eiweiß.

½ Pfund (250 Gramm) Mandeln werden abgezogen und fein gerieben, in eine Schüssel gegeben und mit ¼ Pfund (125 Gramm) fein gesiebtem Zucker und vier Täfelchen fein geriebener Schokolade verrührt, nach und nach vier Eiweiß dazugeschlagen und alles so lange gerührt, bis der Teig vom Löffel läuft; werden gebacken wie die vorigen.

190. Kleine Hippen von Genueser Teig.

Zutaten: ½ Pfund (250 Gramm) Mehl, ¼ Pfund (125 Gramm) Zucker, ¼ Pfund (125 Gramm) Butter, drei Eier, zwei Dotter, ½ Liter Milch, Zitrone.

Man gibt in eine Schüssel ½ Pfund (250 Gramm) feines Mehl, etwas Salz, von einer Zitrone die abgeriebene Schale und ¼ Pfund (125 Gramm) Zucker, zerlässt dann ¼ Pfund (125 Gramm) Butter in einem halben Schoppen lauwarmer Milch und rührt dies alles mit drei ganzen Eiern und zwei Dottern zu einem Teig, bestreicht ein Blech mit Wachs, macht kleine Häufchen darauf, bestreut sie mit fein geriebener Schokolade und bäckt sie langsam.

191. Mandelhippen.

Zutaten: ¼ Pfund (125 Gramm) Mandeln, ¼ Pfund (125 Gramm) Zucker, 63 Gramm Mehl, sechs Eier, Eischnee, Zitrone.

¼ Pfund (125 Gramm) gebrühte, abgezogene und fein geriebene Mandeln werden mit ¼ Pfund (125 Gramm) Zucker, 63 Gramm Mehl, der fein geschnittenen Schale einer halben Zitrone und dem Schnee von sechs Eiern gut abgerührt, dann ein Blech mit Wachs bestrichen, kleine runde Plätzchen darauf dressiert, einige Minuten im Rohr lichtbraun gebacken, mit einem dünnen Messer vom Blech gelöst, schnell über ein rundes Holz gebogen und zu Tee oder Punsch serviert.

Lebkuchen

192. Basler Lebkuchen.

Zutaten: ¼ Liter Honig, ½ Pfund (250 Gramm) Farinzucker, 8 Gramm Pottasche, ⅕ Pfund (100 Gramm) Zitronat, ⅕ Pfund (100 Gramm) Orangeat, ⅕ Pfund (100 Gramm) abgezogene Mandeln, Nelken, Zimt, ein Gläschen Kirschgeist, zwei Eier, ½ Pfund (250 Gramm) Mehl.

¼ Liter Honig lässt man in einer messingenen Pfanne einen Waller auftun, bringt ½ Pfund (250 Gramm) Farinzucker dazu und lässt beides gut miteinander kochen. Alsdann stellt man es vom Feuer, und nachdem es etwas abgekühlt ist, rührt man 8 Gramm Pottasche, ⅕ Pfund (100 Gramm) Zitronat und ebenso viel Orangeat, die Schale einer Zitrone, einen Kaffeelöffel voll Zimt, ebenso viel Nelken und Kardamom (alles gewiegt), ⅕ Pfund (100 Gramm) abgezogene Mandeln, ein Gläschen Kirschgeist, zwei Eier und ½ Pfund (250 Gramm) Mehl darunter, arbeitet die Masse zu einem Teig ab, bis man kein Mehl mehr sieht, walkt ihn dann fingerdick aus, schneidet Stücke in Lebkuchenform, bestreut ein Blech mit Mehl, legt die Lebkuchen darauf und bäckt sie bei mittlerer Hitze. Unterdessen wird ¼ Pfund (125 Gramm) Zucker mit ein wenig Wasser auf dem Feuer gekocht und abgeschäumt, und wenn die Lebkuchen gebacken und halb abgekühlt sind, damit überstreichen und an einem warmen Ort getrocknet.

193. Basler Lebkuchen auf andere Art.

Zutaten: 1 Pfund (500 Gramm) Honig, 1 Pfund (500 Gramm) Mehl, ¾ Pfund (375 Gramm) Zucker, Zimt, Nelken, Muskatblüte, ⅕ Pfund (100 Gramm) Zitronat, zwei Zitronen, ¼ Pfund (125 Gramm) Mandeln, ein Kaffeelöffel Kardamom.

1 Pfund (500 Gramm) Honig wird in einer messingenen Pfanne heiß gemacht. 1 Pfund (500 Gramm) Mehl, ¾ Pfund (375 Gramm) Zucker, ein Kaffeelöffel voll Zimt, ebenso viel gestoßenes Nelkengewürz, ebenso viel gestoßene Muskatblüte, ⅕ Pfund (100 Gramm) Zitronat, von zwei Zitronen die Schale, ¼ Pfund (125 Gramm) abgezogene Mandeln (alles fein zusammengewiegt) und ein Kaffeelöffel voll Kardamom hineingemengt und dies zu einem Teig gut abgearbeitet, dann ein Blech mit Oblaten belegt, der Teig fingerdick in der Größe, wie man die Lebkuchen haben will, draufgestrichen, dünn geschnittene Zitronatstreifen daraufgelegt und eine Stunde an einem kühlen Ort getrocknet, dann bei mäßiger Hitze gebacken.

194. Weiße Lebkuchen.

Zutaten: fünf Eier, ½ Pfund (250 Gramm) Zucker, ½ Pfund (250 Gramm) Mehl, 200 Gramm Mandeln, ⅕ Pfund (100 Gramm) Zitronat, ⅕ Pfund (100 Gramm) Orangeat, Kardamom, Zimt, usw.

Man gibt fünf Eier mit ½ Pfund (250 Gramm) Zucker in eine Schüssel, stellt diese auf ein Geschirr mit kochendem Wasser und rührt so lange, bis es ganz dick und schaumig ist, gibt dann ½ Pfund (250 Gramm) Mehl, 200 Gramm gewiegte Mandeln, ⅕ Pfund (100 Gramm) Zitronat und ebenso viel Orangeat, eine Messerspitze Kardamom und ebenso viel Zimt und Nelkengewürz darunter, belegt ein Blech mit Oblaten, streicht die Masse fingerdick, so groß man die Lebkuchen haben will, darauf, belegt sie mit Zitronatstreifen, lässt sie eine halbe Stunde ruhen und bäckt sie bei mäßiger Hitze. Sie müssen mehr trocknen als backen, damit sie weiß bleiben.

195. Weiße Lebkuchen auf andere Art.

Zutaten: 1 Pfund (500 Gramm) Mandeln, neun Eidotter, 1 Pfund (500 Gramm) Zucker, ⅕ Pfund (100 Gramm) Zitronat, ⅕ Pfund (100 Gramm) Orangeat, 1 Pfund (500 Gramm) Mehl, Zimt, Zitrone, Nelken.

1 Pfund (500 Gramm) abgezogene Mandeln werden ganz klein geschnitten und auf einem mit Papier belegten Blech im Rohr etwas geröstet, bis sie gelb geworden sind. Nun rührt man neun Eidotter mit 1 Pfund (500 Gramm) Zucker, einer abgeriebenen Zitronenschale eine Stunde lang schaumig, gibt noch ⅕ Pfund (100 Gramm) Zitronat, ebenso viel Orangeat (beides klein würfelig geschnitten), eine Muskatblüte und Kardamom, die ausgekühlten Mandeln, den Eischnee und 1 Pfund (500 Gramm) feines Mehl darunter, schneidet Oblaten in beliebiger Größe, streicht die Masse kleinfingerdick darauf, bestäubt sie mit fein gesiebtem Zucker, legt in die Mitte und in die vier Ecken Scheiben Zitronat und lässt die Lebkuchen zwei bis drei Stunden stehen, damit sie etwas trocknen und dadurch einen schönen Glanz bekommen. Nun legt man die Lebkuchen auf ein mit weißem Papier belegtes Blech und lässt sie bei gelinder Hitze backen.

196. Leckerln.

Zutaten: 1 Pfund (500 Gramm) Römischmehl, ½ Pfund (250 Gramm) Zucker, ½ Liter Honig, Zitrone, Zimt, Nelken.

Man nimmt 1 Pfund (500 Gramm) Römischmehl, ½ Pfund (250 Gramm) Zucker, ½ Liter Honig und die Schale einer Zitrone (würfelig geschnitten) und Zimt und Nelken, vermischt dieses alles zu einem Teig, macht Leckerln daraus auf ein Blech und bäckt sie im Rohr heraus. Sie werden dann mit Zuckerglasur überstrichen und getrocknet.

197. Makronenlebkuchen.

Zutaten: sieben Eiweiß, 1 Pfund (500 Gramm) Farinzucker, je ⅕ Pfund (100 Gramm) Orangeat und Zitronat, 1 Pfund (500 Gramm) Mandeln, Gewürz.

Das Weiße von sieben Eiern wird zu steifem Schnee geschlagen und mit 1 Pfund (500 Gramm) Farinzucker eine Stunde lang gerührt, dann ⅕ Pfund (100 Gramm) Zitronat und ebenso viel Orangeat (beide klein würfelig geschnitten), ein Kaffeelöffel voll Zimt, ebenso viel Nelken, Kardamom, Muskatblüte, die abgeriebene Schale einer Zitrone und endlich 1 Pfund (500 Gramm) ungeschälte, fein geriebene Mandeln dazugemengt. Man schneidet nun Oblaten nach der Größe, wie man die Lebkuchen haben will, streicht die Masse fingerdick darauf und lässt sie bei gelinder Hitze backen. Hernach werden sie mit weißer Glasur überstrichen, mit buntem Streuzucker bestreut und im Rohr gebacken.

198. Elisen-Lebkuchen.

Zutaten: fünf Eier, 1 Pfund (500 Gramm) Zucker, 10 Gramm Zimt, 5 Gramm Muskatnuss, 120 Gramm Orangeat, 1 Pfund (500 Gramm) Mandeln, etwas Mehl.

Fünf Eier werden mit 1 Pfund (500 Gramm) Zucker schaumig gerührt. 10 Gramm Zimt, fünf Gramm Muskatnuss, die Schale einer Zitrone, 120 Gramm gewiegtes Orangeat, 1 Pfund (500 Gramm) mit der Schale geriebene Mandeln, ein Esslöffel voll feines Mehl damit vermengt, die Masse auf Oblaten gestrichen und schön gelb gebacken.

199. Weiße Nürnberger Lebkuchen.

Zutaten: acht Eier, ½ Pfund (250 Gramm) Zucker, ½ Pfund (250 Gramm) Mehl, ¼ Pfund (125 Gramm) Mandeln, ⅕ Pfund (100 Gramm) Zitronat, Zimt, Zitronenschnitzchen.

Man schlägt acht Eier in eine Schüssel mit ½ Pfund (250 Gramm) Zucker und fein geschnittener Orangenschale, rührt es am Feuer so lange, bis es ganz dick wird, nimmt es dann weg und rührt es kalt, gibt noch ½ Pfund (250 Gramm) Mehl, ¼ Pfund (125 Gramm) gewiegte Mandeln, ⅕ Pfund (100 Gramm) Zitronat, etwas Zimt dazu, streicht die Masse auf Oblaten und legt in die Mitte eines jeden ein Zitronenschnitzchen, besät sie mit Zucker und bäckt sie bei leichter Hitze.

200. Mannheimer Lebkuchen.

Zutaten: ¾ Pfund (375 Gramm) Zucker, sechs Eier, ½ Pfund (250 Gramm) Mandeln, 17 Gramm Nelken, ¾ Pfund (375 Gramm) Mehl, 105 Gramm Zitronat, Nelken, Kardamom.

¾ Pfund (375 Gramm) Zucker werden mit sechs ganzen Eiern, ½ Pfund (250 Gramm) fein gewiegten Mandeln, 8 Gramm gestoßenen Nelken, etwas Kardamom und ein wenig Zimt schaumig gerührt, zuletzt kommen noch 105 Gramm Zitronat und ¾ Pfund (375 Gramm) Mehl dazu, schneidet dann Oblaten so groß, als man die Lebkuchen haben will, streicht die Masse darauf, wie man bei Lebkuchen zu tun pflegt, bestreut sie zuletzt noch mit etwas Zucker und Mandeln und lässt sie an einem warmen Ort eine halbe Stunde stehen. Hernach bäckt man sie langsam schön gelb.

201. Brauner Pfannkuchen.

Zutaten: 2 Pfund (1 Kilo) Zuckersirup, 1 Pfund (500 Gramm) Zucker, 300 Gramm Mandeln, eine halbe Obertasse Butter, 95 Gramm Pottasche, 2 Pfund (1 Kilo) Mehl, Zimt, Nelken.

Zwei Pfund (1 Kilo) Zuckersirup werden mit 1 Pfund (500 Gramm) Zucker aufgekocht, und nachdem die Flüssigkeit etwas erkaltet ist, 300 Gramm grob geschnittene Mandeln, eine halbe Obertasse geschmolzene Butter, die fein gewiegte Schale von einer Zitrone, gestoßener Zimt, Nelken und Kardamom nach Geschmack, 95 Gramm gereinigte und in Wasser aufgelöste Pottasche daruntergerührt. Alsdann verarbeitet man noch 2 Pfund (1 Kilo) Mehl damit, lässt den Teig einige Tage stehen und knetet ihn dann mit so viel Mehl aus, dass er einem steifen Brotteig ähnlich wird, rollt ihn in der Dicke eines Fingers aus, legt ihn auf ein mit Mehl bestäubtes Brett, bestreicht ihn mit Rosenwasser oder auch mit Eiweiß und bäckt ihn bei guter Mittelhitze.

202. Ausgestochene Pfefferkuchen.

Zutaten: 1 Pfund (500 Gramm) Honig, ½ Pfund (250 Gramm) Zucker, ⅕ Pfund (100 Gramm) Mandeln, ⅕ Pfund (100 Gramm) Zitronat, ⅕ Pfund (100 Gramm) Orangeat, 1½ Pfund (750 Gramm) Mehl, 8 Gamm Pottasche, eine Messerspitze Hirschhornsalz, Nelken, Zimt, Kardamom.

Man kocht 1 Pfund (500 Gramm) Honig mit ½ Pfund (250 Gramm) Zucker auf. Währenddessen mischt man ⅕ Pfund (100 Gramm) fein gewiegte Mandeln, ebenso viel fein geschnittenes Zitronat, gestoßenen Zimt, Nelken und Kardamom nach Geschmack mit 1½ Pfund (750 Gramm) recht trockenem Mehl und rührt dies dann mit dem kochenden Honig zu einem Teig; dabei muss aber sehr schnell verfahren werden, da die Masse, wenn sie erkaltet ist, sich schwer durcharbeiten lässt. Bei dem Durchkneten gibt man noch 8 Gramm gereinigte Pottasche, welche man in Rum auflöst, und eine Messerspitze pulverisiertes Hirschhornsalz dazu. Der Teig bleibt dann 24 Stunden stehen und ist nun so fest, dass man ihn wie Käse schneiden kann. Man nimmt ein gutes Stück davon ab, rollt dasselbe in der Dicke eines Federkiels aus, sticht mit einem Glas runde Kuchen aus, bestreicht dieselben mit Rosenwasser und bäckt sie bei guter Mittelhitze.

203. Nürnberger Lebkuchen.

Zutaten: 2 Pfund (1 Kilo) Mehl, 1 Pfund (500 Gramm) Mandeln, 2½ Pfund (1250 Gramm) Honig, 2½ Pfund (1250 Gramm) Zucker, 30 Gramm Zitronat, ⅕ Pfund (100 Gramm) Orangeat, ⅕ Pfund (100 Gramm) Pottasche*.

Hierzu nimmt man 2 Pfund (1 Kilo) Mehl, schüttet es auf ein Blech und lässt es in einem heißen Ofen unter öfterem Umrühren hellgelb rösten, schält dann 1 Pfund (500 Gramm) Mandeln, schneidet sie in vier bis fünf Stücke und lässt auch diese hellgelb rösten. Währenddessen kocht man 2½ Pfund (1250 Gramm) Honig und ebenso viel Zucker so dick, dass, wenn man einen Tropfen auf einen Teller gießt, derselbe nicht mehr auseinanderläuft, lässt denselben etwas verkühlen, bis er lauwarm ist, rührt das Mehl, die Mandeln, 30 Gramm Zitronat, ⅕ Pfund (100 Gramm) Orangeat und ⅕ Pfund (100 Gramm) aufgelöste Pottasche dazu und arbeitet dies zu einem festen Teig ab, welchen man 24 Stunden hindurch an einem mäßig warmen Ort stehen lässt. Hierauf drückt man den Teig in mit Mehl ausgestäubte Formen, legt die Kuchen auf ein Blech und bäckt dieselben in einem nicht zu heißen Rohr, kehrt das Mehl rein ab, taucht die Pfefferkuchen in kochendes Wasser, legt sie auf ein Brett zum Trocknen, und alsdann auf ein recht heißes, mit Wasser nass gemachtes Blech, lässt sie nochmals recht heiß werden und verwahrt sie, nachdem sie erkaltet sind, an einem kühlen Ort. *Kaliumkarbonat

204. Thorner Pfefferkuchen.

Zutaten: ½ Pfund (250 Gramm) Honig, ½ Pfund (250 Gramm) Zucker, ½ Pfund (250 Gramm) Mandeln, 200 Gramm Mehl, 20 Gramm Pottasche, Zimt, Nelken, Kardamom.

½ Pfund (250 Gramm) ziemlich dick gekochten Honig, ½ Pfund (250 Gramm) Zucker lässt man erkalten, schneidet ½ Pfund (250 Gramm) abgezogene Mandeln länglich, gibt diese mit 200 Gramm Mehl, Zimt, Nelken, Kardamom und 20 Gramm aufgelöster Pottasche dazu und macht einen festen Teig daraus, den man an einen warmen Ort stellt, dass er aufgeht, dann aber einige Tage an einen kalten und luftigen Ort. Beim Gebrauch rollt man ihn fingerdick aus, schneidet davon beliebige Kuchen, legt sie auf ein mit Mehl bestäubtes Blech und bäckt sie. Wenn sie aus dem Ofen kommen, werden sie mit weißer Glasur bestrichen und getrocknet.

205. Pfeffernüsse.

Zutaten: 1 Pfund (500 Gramm) Zuckersirup, ½ Pfund (250 Gramm) Zucker, 200 Gramm Butter, 2 Pfund (1 Kilo) Roggenmehl, zwei Eier, 70 Gramm Pottasche, Zimt, Kardamom.

1 Pfund (500 Gramm) Zuckersirup und ½ Pfund (250 Gramm) Zucker werden zusammen aufgekocht. Wenn etwas ausgekühlt, gibt man 200 Gramm Butter, 2 Pfund (1 Kilo) Roggenmehl, zwei ganze Eier, einen Teelöffel Zimt, ebenso viel Kardamom und 70 Gramm gereinigte, in etwas Wasser aufgelöste Pottasche dazu, knetet einen festen Teig und stellt denselben acht Tage an einen warmen Ort, rollt ihn zu langen finderdicken Würsten, schneidet dieselbe in kleine Stücke, die man mit der Hand zu runden Bällchen dreht, und bäckt diese auf einem beschmierten Blech.

206. Ordinäre Pfeffernüsse.

Zutaten: 1 Liter Milch, 105 Gramm Ammonium, 3 Pfund (1½ Kilo) Zucker, 6 Pfund (3 Kilo) Mehl.

1 Liter Milch, 105 Gramm Ammonium und 3 Pfund (1½ Kilo) Zucker rührt man kurze Zeit durcheinander und mengt nicht ganz 6 Pfund (3 Kilo) Mehl hinein. Der Teig muss ziemlich dick werden, auch dick ausgerollt und mit einem Ausstecher von 2 Zentimeter Durchmesser ausgestochen und bei guter Hitze gebacken werden.

207. Pfeffernüsse auf andere Art.

Zutaten: 1 Pfund (500 Gramm) Zucker, fünf Eier, 1 Pfund (500 Gramm) Mehl, Zimt, Nelken, Zitrone, 35 Gramm Zitronat, 17 Gramm Kardamom, eine Messerspitze präparierte Pottasche.

1 Pfund (500 Gramm) fein gestoßener Zucker wird mit fünf ganzen Eiern eine halbe Stunde verrührt. 1 Pfund (500 Gramm) Mehl, ein Kaffeelöffel voll Zimt, ebenso viel Nelken, 35 Gramm Zitronat, die abgeriebene Schale einer Zitrone, 17 Gramm Kardamom und eine Messerspitze präparierte Pottasche mit dem Gerührten zu einem Teig gearbeitet, dieser messerrückendick ausgerollt, mit einem blechernen Ausstecher runde Blättchen in der Größe eines Zehnpfennigstückes ausgestochen, diese auf ein mit Wachs bestrichenes und wieder abgewischtes Blech gesetzt und über Nacht stehen gelassen. Am anderen Tag in einem nicht gar zu heißen Rohr gebacken, mit einem Messer vom Blech gelöst und dann zum Gebrauch aufbewahrt.

208. Marzipan.

Zutaten: 1 Pfund (500 Gramm) Zucker, drei Eier, drei Dotter, 1 Pfund (500 Gramm) Mehl, Arrak, Ammonium.

1 Pfund (500 Gramm) Zucker wird mit drei ganzen Eiern und drei Dottern eine halbe Stunde gerührt, 1 Pfund (500 Gramm) fein gesiebtes Mehl, ein Löffel voll Arrak, ein Kaffeelöffel voll Ammonium auf dem Nudelbrett zu einem feinen Teig abgemacht, Marzipan daraus geformt, auf ein Tuch gelegt, zugedeckt und über Nacht getrocknet und bei gelinder Hitze gebacken.

209. Marzipan.

Zutaten: 1 Pfund (500 Gramm) Zucker, ¼ Pfund (125 Gramm) Mehl, Kuchenpulver, Wasser.

1 Pfund (500 Gramm) Zucker, ¼ Pfund (125 Gramm) Mehl, etwas Wasser und ein Päckchen Kuchenpulver werden auf dem Nudelbrett recht fest zu einem Teig abgearbeitet, dann in Marzipanformen, welche immer mit Mehl gut ausgestäubt werden, gedrückt, über Nacht getrocknet und der Marzipan bei gelinder Hitze gebacken.

210. Marzipan.

Zutaten: 1 Pfund (500 Gramm) Zucker, fünf Eier, 500 Gramm Mehl, Rum.

1 Pfund (500 Gramm) Zucker wird mit fünf Eiern schaumig gerührt und mit 1 Pfund (500 Gamm) Mehl, einigen Esslöffeln voll Rum oder Arrak zu einem festen Teig abgearbeitet und dann zwei bis drei Stunden ruhen gelassen. Hierauf wird ein Backbrett mit Mehl bestäubt, ein Teil von dem Teig messerrückendick ausgerollt, in kleine Stücke geschnitten, letztere in die ausgestäubten Formen gedrückt und über Nacht an einem kühlen Ort stehen gelassen; am anderen Tag werden sie auf ein mit Wachs bestrichenes Blech gelegt und bei mäßiger Hitze gebacken. Der Marzipan muss während des Backens weiß bleiben und darf vorher nur so lange im Rohr bleiben, bis er aufgefahren ist.

211. Marzipan.

Zutaten: 1 Pfund (500 Gramm) Zucker, vier Eier, ¼ Pfund (125 Gramm) Haselnüsse, Zitrone, Rosenwasser, ½ Pfund (250 Gramm) Stärkemehl, ½ Pfund (250 Gramm) Kaisermehl.

1 Pfund (500 Gramm) Zucker wird mit vier ganzen Eiern eine halbe Stunde gerührt, dann ¼ Pfund (125 Gramm) fein gewiegte Haselnüsse, die Schale und der Saft einer halben Zitrone sowie zwei bis drei Esslöffel voll Rosenwasser mit dem Abgerührten gut vermengt, die Masse mit ½ Pfund (250 Gramm) Stärkemehl und ebenso viel Kaisermehl zu einem festen Teig angemacht, dann eine Stunde ruhen gelassen, hierauf in die Marzipanformen gedrückt, über Nacht stehen gelassen und verfahren wie bei den vorigen.

212. Marzipan.

Zutaten: vier Eidotter, 1 Pfund (500 Gramm) Zucker, Rosenwasser, ½ Pfund (250 Gramm) Stärkemehl, ½ Pfund (250 Gramm) Kaisermehl, Eischnee.

Vier Eidotter werden mit 1 Pfund (500 Gramm) feinem Zucker schaumig gerührt, dann einige Esslöffel voll Rosenwasser, zuletzt der festgeschlagene Schnee der vier Eier, ½ Pfund (250 Gramm) Stärkemehl und ebenso viel Kaisermehl unter das Abgerührte gemengt, die Masse zu einem festen Teig angemacht, dann auseinandergezupft, wieder zusammengemacht, nochmals gezupft, und so dreimal wiederholt; der Teig nun messerrückendick ausgerollt, in die mit Mehl bestäubten Formen gedrückt, über Nacht an einen kühlen Ort gestellt und weiß gebacken.

213. Feiner Marzipan.

Zutaten: 560 Gramm Zucker, sechs Eier, zwei Esslöffel Rosenwasser, 560 Gramm feines Mehl.

560 Gramm Zucker werden mit sechs Eiern, 2 Esslöffeln voll Rosenwasser und 560 Gramm Mehl gut abgemacht, in die Formen gedrückt, über Nacht stehen gelassen und dann schön weiß gebacken.

214. Feine Weihnachtstorte.

Zutaten: 200 Gramm Butter, ½ Pfund (250 Gramm) Zucker, vier Eidotter, ½ Pfund (250 Gramm) Mehl, Zitronenschale, Wein.

200 Gramm Butter werden schaumig gerührt, dann ½ Pfund (250 Gramm) Zucker, vier Eidotter, 200 Gramm Mehl, etwas abgeriebene Zitronenschale, ein guter Esslöffel voll Wein langsam daruntergemengt und zuletzt der Schnee von den vier Eiern daruntergezogen. Eine Tortenform wird gut ausgeschmiert, die Masse eingefüllt und im Rohr gebacken, die Torte dann mit zwei bis drei Esslöffeln voll Wein besprengt, mit eingekochten Johannisbeeren oder auch anderen Früchten belegt, vier Eigelb mit ⅕ Pfund (100 Gramm) Zucker und zwei Esslöffeln voll süßem Rahm gut abgerührt, der fest geschlagene Schnee leicht daruntergezogen, auf die Torte gegeben und nochmals gebacken.

215. Weihnachtstorte auf leichtere Art.

Zutaten: ⅕ Pfund (100 Gramm) Butter, sechs Esslöffel Zucker, sechs Eigelb, je ¼ Pfund (125 Gramm) Mehl und Mandeln, Backpulver, sechs Eiweiß.

⅕ Pfund (100 Gramm) Butter rührt man mit sechs Esslöffeln voll Zucker schaumig, gibt dazu sechs Eigelb, ¼ Pfund (125 Gramm) Mehl, ¼ Pfund (125 Gramm) Mandeln und vier Esslöffel voll Wein, rührt eine Viertelstunde lang, zieht den Schnee der sechs Eiweiß leicht darunter, auch ein Päckchen Backpulver kommt dazu, füllt eine gut ausgeschmierte Backform mit der Masse und bäckt die Torte langsam schön gelb; am nächsten Tag wird sie noch mit etwas Wein besprengt, mit der vorstehenden Creme und Früchten bestrichen und serviert.

216. Kleine Lebkuchen.

Zutaten: ¾ Pfund (375 Gramm) Mehl, 200 Gramm Zucker, drei Eier, 35 Gramm Butter, Rahm, 17 Gramm Ammonium, Oblaten.

¾ Pfund (375 Gramm) Mehl, 200 Gramm Zucker, drei Eier, 35 Gramm Butter, vier bis fünf Esslöffel voll süßer Rahm und 17 Gramm Ammonium werden schnell zu einem Teig angemacht, davon kleine Häufchen auf Oblaten gegeben und rasch gebacken.

217. Viktoriatorte.

Zutaten: Zwiebackbrot, fünf Eidotter, 195 Gramm Zucker, 140 Gramm Schokolade, 150 Gamm Mandeln, Zimt, Zitrone, Eischnee.

190 Gramm geriebenes altgebackenes Zwiebackbrot wird mit einer Tasse Rotwein übergossen, damit die Brösel aufweichen. Inzwischen werden fünf Eidotter mit 195 Gramm Zucker schaumig verrührt. Man gibt dann allmählich 140 Gramm geriebene Schokolade, 150 Gramm geriebene Mandeln, eine halbe abgeriebene Zitronenschale, einen Teelöffel voll Zimt, das aufgeweichte Brot, 20 Gramm Backpulver und zuletzt den fest geschlagenen Schnee der fünf Eiweiß dazu, füllt damit eine gut ausgeschmierte Tortenform und bäckt sie bei mäßiger Hitze fertig.

218. Orangentorte.

Zutaten: ½ Pfund (250 Gramm) Orangenzucker, acht Eidotter, der Saft von zwei Orangen, ½ Pfund (250 Gramm) Mehl, Eischnee.

½ Pfund (250 Gramm) Orangenzucker wird mit acht Eidottern schaumig gerührt, dann der Saft von zwei Orangen dazugegeben und der Schnee von den acht Eiern mit ½ Pfund (250 Gramm) Mehl leicht daruntergezogen, nun eine Tortenform mit Butter ausgestrichen, mit einem schon bereiteten, messerrückendick ausgerollten Butterteig ausgelegt und dieser im Rohr halb ausgebacken, dann die oben beschriebene Masse hineingefüllt und drei Viertelstunden langsam gebacken, hierauf mit einer Punschglasur glasiert, getrocknet, mit Vanillebusserln, welche man in verschiedenen Farben bekommt, ein schöner Kranz um die Torte gemacht. In der Mitte macht man eine Rose von fein geschnittenen eingesottenen Quitten und nimmt das Laub von eingekochten schönen grünen Bohnen dazu. Hat man diese Sachen nicht selber, so kann man sie bei jedem Konditor kaufen.

219. Glasierte Datteln.

Zutaten: Datteln, Eingesottenes.

Man schlitzt die Datteln der Länge nach etwas auf und entfernt die Kerne, füllt sie mit Obstmarmelade (welche aber nicht flüssig sein darf), auch dickem Gelee, taucht die ganze Frucht in eine weiße Glasur (oder auch von verschiedenen Farben) und trocknet sie im Rohr, das aber nicht zu kühl sein darf, weil die Glasur sonst keinen Glanz erhält. Eine mit solchen vielfarbigen Datteln gefüllte Schale ist sehr hübsch, doch ziehen manche die nur weiß glasierten vor, besonders wenn sie in einer bunten Schale serviert werden. Indessen kann man sie auch wie andere Bonbons in Papier wickeln oder in Kapseln stecken.

220. Orangen (Apfelsinen) zu dressieren.

Man nimmt schöne, gleich große Orangen, schneidet mit einem kleinen scharfen Messer in der Mitte der Frucht der Quere nach ein, hütet sich aber, das Fleisch zu verletzen, und zieht nun die Hälfte der Schale ab, während man die andere herunter-, aber nicht abzieht, so dass sie der Frucht als Fuß dient. Letztere wird dann nach ihren natürlichen Abteilungen ein wenig auseinandergebrochen, muss aber unten noch zusammenhalten, und so stellt man sie auf Traubenblätter oder Spitzenpapier auf eine runde Schüssel und serviert sie mit eigens dazugegebenem gestoßenem Zucker.

221. Orangen auf andere Art zu dressieren.

Man schneidet um die Mitte der Frucht herum, wobei aber auch nur die Schale aufgeschnitten werden darf und am oberen und unteren Ende der Orange festbleiben muss, löst sie mit einem Teelöffel, biegt sie nach außen, wodurch sich zwei kleine weiße Taschen bilden, in denen die Orange liegt.

222. Eine Fruchtschale für den Weihnachtstisch.

Man entfernt an einem schönen, länglichen Kürbis - am besten wohl Angurienkürbis - durch einen senkrechten und einen waagrechten scharfen Schnitt von jeder Seite nach der Mitte zu zwei Stücke der Frucht so, dass in der Mitte ein Henkel stehen bleibt, höhlt den Kürbis hernach vorsichtig aus, weil sonst der Henkel leicht zerbricht, verziert diesen an beiden Seiten mit farbigen Seidenschleifen, füllt die Schale mit ausgesuchtem Obst, am besten mit verschiedenen Trauben, verziert diese mit Blättern vom wilden Wein oder mit anderen grünen Gräsern und stellt sie auf einen schönen Teller auf den Weihnachtstisch.

Weihnachtsbrote

223. Kardinalsbrot.

Zutaten: 140 Gramm Zucker, zwei Eier, zwei Dotter, je 70 Gramm Mandeln und Sultanrosinen, 140 Gramm Mehl, 15 Gramm Backpulver, Zitrone, Schnee von zwei Eiweiß.

140 Gramm Zucker werden mit zwei ganzen Eiern und zwei Dottern eine halbe Stunde lang abgerührt; dann nach und nach 70 Gramm lang geschnittene Mandeln, 70 Gramm Sultanrosinen, 140 Gramm Mehl, 15 Gramm Backpulver, der Saft und die Schale einer Zitrone und der Schnee von den zwei Eiweiß dazugegeben, alles gut untereinander gemengt, in eine länglich-schmale Form gefüllt und das Brot bei mäßiger Hitze fertig gebacken.

224. Hutzel- oder Obstbrot.

Zutaten: ½ Pfund (250 Gramm) Birnen, je ¼ Pfund (125 Gramm) Apfelschnitten und getrocknete Pflaumen, Walnüsse, 60 Gramm Sultanrosinen, Zitrone, Zimt, Anis, je 60 Gramm Zitronat und Mandeln, 50 Feigen, ¼ Pfund (125 Gramm) Weinbeeren, ½ Pfund (250 Gramm) Mehl, Backpulver.

½ Pfund (250 Gramm) getrocknete (gedörrte) gute Birnen, je ¼ Pfund (125 Gramm) Apfelschnitten und getrocknete Pflaumen, werden je für sich weich gekocht und die Brühe abgegossen. Die Früchte werden in eine Schale gegeben und Walnüsse, 60 Gramm Sultanrosinen, eine Zitronenschale, eine Messerspitze Zimt, ein Esslöffel voll süßer Anis, 60 Gramm Zitronat und ebenso viel geschälte Mandeln, 50 Stück Feigen und ¼ Pfund (125 Gramm) Weinbeeren dazugetan. Nüsse, Zitrone, Zitronat werden fein zusammengeschnitten, Birnen (Hutzeln und Feigen) etwas größer geschnitten. Aus ½ Pfund (250 Gramm) Mehl, dem man etwas Obstbrühe und ein Päckchen Backpulver beimischt, macht man einen guten Teig, von dem man eine Handvoll nimmt und gut unter die Früchte mischt. Den zurückgebliebenen Teig rollt man schwach aus und umhüllt damit das Brot, welches man zu einem Wecken formt, mit Wasser bestreicht und bei mäßiger Hitze bäckt. Dies Brot hält sich lange frisch.

225. Schwäbisches Weihnachtsbrot.

Zutaten: je 2 Liter Hutzel und Zwetschgen, ½ Pfund (250 Gramm) Rosinen, ¼ Pfund (125 Gramm) Weinbeeren, ½ Pfund (250 Gramm) Mandeln, je ¼ Pfund (125 Gramm) Walnusskerne, Feigen, Zitronat und Orangeat, zwei Zitronen, Zimt, Nelken.

Mann nimmt hierzu 2 Liter Hutzel (getrocknete Birnen oder Kletzen), ebenso viel getrocknete Zwetschgen, ½ Pfund (250 Gramm) Rosinen (Zibeben), ½ Pfund (250 Gramm) abgezogene, grob geschnittene Mandeln, je ¼ Pfund (125 Gramm) Walnusskerne, Feigen, Zitronat und Orangeat, von zwei Zitronen die Schale, einen Kaffeelöffel voll Zimt, ebenso viel gestoßene Nelken und ebenso viel Kardamom. Hutzeln und Zwetschgen werden in Wasser weich gekocht, die Zwetschgen werden entsteint und die Brühe aufbewahrt. Dann gibt man 3-3½ Pfund Semmelmehl in eine Backschüssel, rührt mit Hefe oder Sauerteig und der Obstbrühe ein Dampfl an und stellt es zum Gehen warm; hierauf knetet man den Teig mit der noch nötigen Obstbrühe und dem nötigen Salz gut zu einem Brotteig ab, gibt die Früchte, welche geschnitten worden sind unter denselben, macht alles gut untereinander ab, formt Brote daraus und lässt sie gehen; es wird wie jedes andere Brot gebacken und mit Zuckerwasser bestrichen. Dieses Hutzelbrot hält sich außerordentlich lang, nur muss es an einem kühlen Ort aufbewahrt werden.

226. Italienisches Früchtenbrot.

Zutaten: je ⅕ Pfund (100 Gramm) kandierte Orangenschale und Nüsse, vier Aprikosen, acht Reineclauden, je ½ Pfund (250 Gramm) Zucker und Mehl, zwölf Eidotter.

Man nimmt ⅕ Pfund (100 Gramm) kandierte Orangenschale, ebenso viel eingemachte Nüsse, vier trocken eingemachte Aprikosen, acht trocken eingemachte Reineclauden, alles klein würfelig geschnitten. ½ Pfund (250 Gramm) Zucker wird mit zwölf Eidottern schaumig gerührt, ½ Pfund (250 Gramm) feines Mehl mit dem Schnee und den geschnittenen Früchten daruntergemengt, dann aus einem Bogen weißem Schreibpapier eine längliche, zwei Querfinger lange Kapsel geformt, der Boden mit Backoblaten belegt, die Masse eingefüllt und langsam gebacken; wenn sie aus dem Rohr kommt, schneidet man die Ecken der Kapsel auf, biegt das Papier ab und überstreicht das Brot noch warm mit Zuckerglasur, teilt es zu fingerdicken Schnitten und lässt es erkalten. Sehr fein und sehr haltbar.

227. Griechisches Früchtenbrot.

Zutaten: je ¼ Pfund (125 Gramm) Rosinen, Korinthen, Feigen und Datteln, Zitronat und Orangeat, Mandeln, Weißbrotteig.

Man mische je ¼ Pfund (125 Gramm) Rosinen, Korinthen, Feigen und Datteln, Zitronat und Orangeat, auch abgezogene Mandeln. Datteln, Feigen, Orangen und Zitronat werden in kleine Stücke geschnitten und alles unter einen gewöhnlichen Weißbrotteig gemischt, daraus beliebige Brote geformt und gebacken wie jedes andere Brot.

228. Ganz einfaches Früchtenbrot.

Zutaten: je ½ Pfund (250 Gramm) Weinbeeren, ⅕ Pfund (100 Gramm) Haselnüsse, Brotteig.

Wenn man ohnedies Brot bäckt, so nimmt man so viel vom Teig weg, dass es ein tellergroßes Laibchen wird, mischt ½ Pfund (250 Gramm) gewaschene Weinbeeren und ⅕ Pfund (100 Gramm) fein gewiegte Haselnüsse darunter, knetet dies gut ab, formt es zu einem runden Laibchen, lässt es wie das andere Brot gut aufgehen und bäckt es im Backofen. Es hält sich sehr lang.

229. Nuss- oder Touristenbrot.

Zutaten: 1 Pfund (500 Gramm) Mehl, 1 Pfund (500 Gramm) Haselnüsse, 200 Gramm Rosinen, Salz, ein Ei, Milch oder Wasser.

1 Pfund (500 Gramm) feines Mehl gibt man in eine Schüssel und macht mit für 3 Pfennig in lauwarmer Milch aufgelöster Presshefe ein Dampfel an, welches man gehen lässt, gibt dann 1 Pfund (500 Gramm) geriebene Haselnüsse, 200 Gramm Rosinen, eine Messerspitze Salz und ein Ei dazu, und macht alles unter Zugießen von warmer Milch oder warmem Wasser zu einem Teig an, welchen man wieder gehen lässt. Hierauf formt man einen oder auch zwei längliche Wecken und bäckt sie bei langsamem Feuer fertig.

230. Mailänder Plätzchen.

Zutaten: ½ Pfund (250 Gramm) Butter, zwei Eier, die Schale einer Zitrone, ¾ Pfund (375 Gramm) Mehl.

½ Pfund (250 Gramm) Butter wird schaumig gerührt, zwei ganze Eier, die fein geriebene Schale einer Zitrone und ¾ Pfund (375 Gramm) Mehl dazugegeben und die Masse gut zu einem Teig gearbeitet, messerrückendick ausgerollt, mit einem Glas oder einer Blechform kleine Kuchen ausgestochen, diese mit Eigelb bestrichen und auf einem mit Butter bestrichenen Blech goldgelb gebacken.